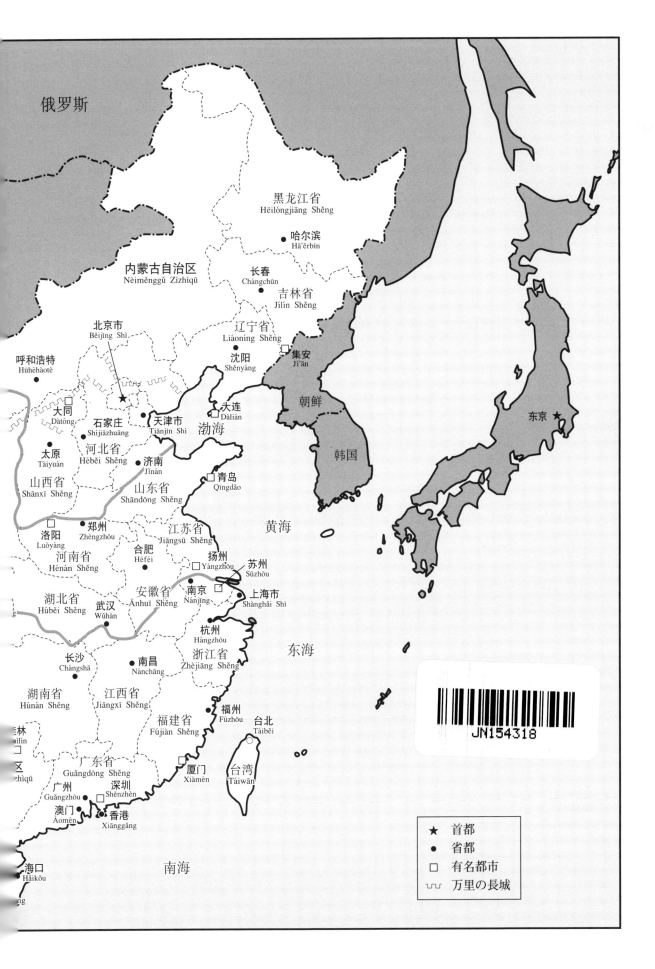

対話・短文で学ぶ

アップデート中国語

中国語科教育法研究会 編

駿河台出版社

◆

本書の音声は駿河台出版社ホームページ下記サイトから無料でダウンロードできます。下記 URL を入力するか、弊社 HP から「アップデート中国語」を検索し、音声をダウンロードしてください。

http://www.e-surugadai.com/books/isbn978-4-411-03113-6

まえがき

　本書は高校、専門学校、大学で初めて中国語を学ぶ方を対象に、週1回50分から90分の通年授業を想定して編集された中国語入門用の教科書です。

　今や数ある入門用の教科書から、校種やクラスの雰囲気、必修か選択、受講者数、単位数諸々、それぞれの学習環境に最適な1冊を見つけることは容易なことではありません。今回の編集メンバー間でさえ、同じ年度に同じ教科書を採用することは非常に稀なことでした。

　しかし「授業」に対しては共通した認識があります。教員側の「分かりましたか？」を減らし、学習者の「読めた！書けた！言えた！聞けた！できた!!伝わった!!!」を引き出す。その一心で私たちは意見交換を重ねて各々の「授業」を見直してまいりました。これまでの成果を反映させた本書が、従来の「講義」形式に限界を感じられている諸先生方の一助になれば幸いです。

　その上で本書は、あえて珍しい週1回50分の学習環境にも対応できる構成になっています。これは「1コマならチャレンジしてみようか」と中国語開講への一歩を後押しして、中国語教育（学習）の広がりを更に前進させたいという私たちの願いが込められています。そして将来私たちと共に中国語教育（学習）を前進させてくださる教職課程を履修している学習者にも本書を手にとっていただき、私たちと同じ喜びを共有してほしいと願っています。

　最後に、国本女子中学校高等学校美術部OGの濱平茉莉氏と同顧問教諭の鶴原靖子氏にはイラストを、大東文化大学の蔡娟氏には中国語のチェック全般を、何より駿河台出版社の井田洋二社長と編集の浅見忠仁氏には貴重な機会を与えて頂きました。本書を上梓するにあたりご尽力いただいた皆様に心から謝意を表したいと思います。

2017年11月
上野振宇

発音編

さあ、授業を始めましょう！（号令）‥‥6
1. 中国語の学習を始める前に ‥‥‥‥7
　1.1. 中華人民共和国
　1.2. 中国語とは
　1.3. 文字について
　1.4. 音声について
2. 発音編① 声調 ‥‥‥‥‥‥‥‥‥9
　2.1. 4つの声調
　2.2. 軽声
3. 発音編② 基本母音 ‥‥‥‥‥‥10
　3.1. 声調符号を付ける位置
　3.2. 隔音記号とy・w
　3.3. 子音
　コラム　中国語の検定試験1
4. 発音編③ 変化する声調と音 ‥‥‥13
　4.1. 声調変化（変調）
　4.2. 3つの「i」
　4.3. 儿化（アル化）
文を使って発音練習①
5. 発音編④ 二重母音 ‥‥‥‥‥‥15
　5.1. 子音＋二重母音
文を使って発音練習②
　コラム　中国語の検定試験2
6. 発音編⑤ 三重母音 ‥‥‥‥‥‥18
　6.1. 子音＋三重母音
文を使って発音練習③
7. 発音編⑥ 鼻音を伴う母音 ‥‥‥‥20
　7.1. 子音＋鼻音を伴う母音
文を使って発音練習④
ウォーミングアップ1 ‥‥‥‥‥‥23
　数詞(1) 0～99と時点の表現
ウォーミングアップ2 ‥‥‥‥‥‥25
　数詞(2) 100以上と時間量の表現
ウォーミングアップ3 ‥‥‥‥‥‥26
　自己紹介をしよう
　《いろいろな記記：标点符号》

文法編

第1課　私は日本人です ‥‥‥‥‥28
- 動詞"是"
- 副詞"也"、"都"
- 助詞"的"
- 接続詞"和"
《いろいろな国》
コラム　中国語の勉強方法1

第2課　私はコーヒーを飲みます ‥32
- 動詞述語文
- 反復疑問文
- 助詞"吧"
《いろいろな飲み物》

第3課　何を食べたいですか？ ‥‥36
- 疑問詞(1)"谁"、"什么"、"哪个"
- 助動詞(1)"想"
- 助動詞(2)"要"
《いろいろな都市》

まとめの文章1（第1課～第3課）‥‥40
《いろいろな動詞＋名詞》

第4課　あなたはどこへ行きますか？‥42
- 疑問詞(2)"哪儿"、"什么时候"
- 助動詞(3)"应该"
- 助動詞(4)"得"
コラム　中国語の勉強方法2

第5課　中国語を話せますか？ ‥‥46
- 助動詞(5)"会"、"能"、"可以"
- 介詞(1)"在"

第6課　あなたは今忙しいですか？‥50
- 形容詞述語文
- 介詞(2)"跟"
- 介詞(3)"给"

《いろいろな形容詞》

まとめの文章2（第4課〜第6課）‥‥‥54

第7課　家から学校まで30分かかります‥56
- 時間量（時間の長さ）の表現
- 介詞(4)"从"、"到"
- 介詞(5)"离"
- 連動文

《中国の祝日：节假日》

第8課　教科書を持っていますか？‥60
- 所有を表す動詞"有"
- 量詞
- 疑問詞(3)"几"、"多少"

コラム　中華街：中华街

第9課　駅へはどのように行きますか？‥64
- 所在を表す動詞"在"
- 存在を表す動詞"有"
- 疑問詞(4)"怎么"

まとめの文章3（第7課〜第9課）‥‥‥68

第10課　ご飯を食べましたか？‥‥‥70
- 文末の"了"と動詞の後の"了"

《いろいろな会社・お店》

第11課　中国に行ったことがありますか？‥74
- 経験を表す"过"
- 回数表現
- 省略疑問文"…呢？"

コラム　中国将棋：象棋

第12課　台風が接近中です‥‥‥‥‥78
- 持続を表す"着"
- 進行を表す"正在…（呢）"

まとめの文章4（第10課〜第12課）‥82

第13課　私は頭がとても痛い‥‥‥‥84
- 主述述語文
- 選択を表す接続詞"还是"

第14課　この服はあの服より大きい‥88
- 動詞の重ね型
- 比較表現"比"

《いろいろなスポーツ》

第15課　お母さんに叱られた‥‥‥‥92
- 二重目的語文
- 受け身を表す介詞"被"

第16課　先生は私たちに本文を暗唱させます‥96
- 使役を表す"让"、"叫"
- 「まもなく…だ」
- "是…的"構文

《餃子について》

まとめの文章5（第13課〜第16課）‥100
《成語について》

単語のまとめ‥‥‥‥‥‥‥‥‥‥‥103
　　人称代詞　　　　親族呼称
　　指示代詞　　　　方位詞
　　いろいろな疑問詞　いろいろな副詞
　　いろいろな接続詞　動詞の重ね型

文法のまとめ‥‥‥‥‥‥‥‥‥‥‥106

語句索引‥‥‥‥‥‥‥‥‥‥‥‥‥109

さあ、授業を始めましょう！

① Shàngkè！　② Qǐlì！　③ Jìnglǐ！

④ Lǎoshī hǎo！　⑤ Dàjiā hǎo！　⑥ Zuòxià！

⑦ Kāishǐ diǎnmíng.　⑧ ○○ tóngxué！　⑨ Dào！

授業の終わりには…

⑩ Xiàkè.　② Qǐlì！

③ Jìnglǐ！　⑪ Xièxie, lǎoshī！　⑬ Tóngxuémen, zàijiàn！
⑫（Lǎoshī, zàijiàn！）

《 言ってみよう① 》 CD-02

現在 开始 上课。今から授業を始めます。　　同学们 好！みなさんこんにちは！
Xiànzài kāishǐ shàngkè.　　　　　　　　　　Tóngxuémen hǎo！

1. 中国語の学習を始める前に

1.1. 中華人民共和国 … People's Republic of China (PRC)

国　旗：五星紅旗
建　国：1949年10月1日
人　口：約13.8億人
国　土：約960万km²
ＧＤＰ：世界第2位
通　貨：人民元1元（塊）＝10角（毛）＝約15円
日本との時差：約1時間
行政区分：省（全23）、県、郷
首　都：北京
直轄市：北京、天津、上海、重慶
自治区：広西壮族、内モンゴル、寧夏回族
　　　　新疆ウイグル、チベット
特別行政区：香港、マカオ

※2017年7月調査時点

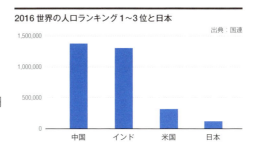

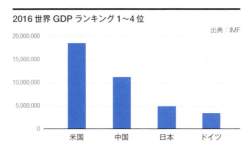

1.2. 中国語とは … 普く通じる言葉

　中国は56の民族が暮らす多民族国家で、総人口の約93％を漢民族が占める。その漢民族が話す言葉を「漢語」というが、国土が広大な中国では同じ漢語でも多くの方言が存在し、七大方言あるいは八大方言などと大別される。特に音声面の差異は、方言間においてまるで外国語かと思わせるほど顕著である。また漢民族以外の55の少数民族にもそれぞれに固有の言葉があり、漢語とは全く異なる。

　そこで中国ではどの方言間でも、民族間でも通じる共通の言葉「普通話」を制定した。その基準は ① 漢語の北方方言をベースとし、② 発音は北京語音、③ 文法は現代白話文（口語を反映させた書き言葉）の著書を規範としている。私たちがこれから学ぶ「中国語」は、一般的にこの「普通話」を指す。

《 言ってみよう② 》 CD-03

你们好！皆さんこんにちは！　　你好！こんにちは！
Nǐmen hǎo!　　　　　　　　　　Nǐ hǎo!

1.3. 文字について … 中国語の"汉字"

　中国語で使用される文字は漢字ではあるが、画数が多い漢字を習得するには、時間も労力もかかる。そこで、習得の労力を軽減して識字率を高めるため、画数の多い字体「繁体字」を簡略化した。その漢字を「简体字」といい、本書で学ぶ中国語は「简体字」を用いる。なお、台湾や香港など今でも「繁体字」が使用される地域がある。

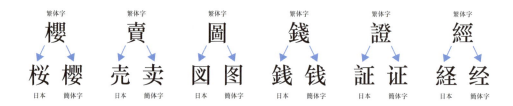

1.4. 音声について … 中国語の安、加、左、太、奈

　表意文字である漢字には字それ自体には音声を伝える能力がない。日本でも難読な漢字にはルビ（読み仮名）を振るように、中国では主に初学者のために漢字にローマ字を用いてルビを振る。そのルビのことを「"拼音"（ピンイン）」という。

　ピンインは、子音と母音の音節（巻末「音節表」参照）そして声調（p.9「発音篇①」参照）を表す符号を組み合わせてなりたっている。中国式ローマ字であるピンインは、構造こそ日本式に似ている部分もあるが、日本語とも、英語とも発音方式が異なる場合がある。

　中国語を話す・聞くはもちろんのこと、パソコン、スマートフォン等に入力するためにも、私たちはピンインの構造を理解し、発音の特徴をしっかりとマスターすることが不可欠である。

《言ってみよう③》 CD-04

早上 好! おはよう！　　晚上 好! こんばんは！
Zǎoshang hǎo!　　　　Wǎnshang hǎo!

2. 発音編 ① 声調

2.1. 4つの声調 CD-05

中国語はトーン・ランゲージ（tone language）に分類される言語である。そのトーンを中国語では「声調」といい、また4パターンあることから「四声」とも言われる。

名称	第一声	第二声	第三声	第四声
特徴	高く平らな調子	急激に上げる調子	低く抑える調子 （最後に力を抜く）	急激に下げる調子
調値	5 → 5	3 → 5	2 → 1 (→ 4)	5 → 1
符号	ˉ	ˊ	ˇ	ˋ
例	mā	má	mǎ	mà
漢字	妈	麻	马	骂
意味	お母さん	麻／しびれる	馬	叱る、怒る

※低い調子を保ったままの第三声を「半三声」という。

2.2. 軽声 CD-06

その漢字が本来持つ声調が失われ、短く軽く添えるように発音する声調を「軽声」という。その高さは直前の音節によって変化するが、いずれの場合も符号はつけない。

第一声 + 軽声	第二声 + 軽声	第三声 + 軽声	第四声 + 軽声
妈妈	蘑菇	哪个	爸爸
māma	mógu	nǎge	bàba

早口言葉にチャレンジ CD-07

妈妈 骑 马，马 慢，妈妈 骂 马。
Māma qí mǎ, mǎ màn, māma mà mǎ.

骑：動 乗る、またがる　慢：形（速度が）遅い
qí　　　　　　　　　　màn

《 言ってみよう④ 》 CD-08

谢谢（你）。ありがとう。　　不 客气。どういたしまして。
Xièxie (nǐ).　　　　　　　　Bú kèqi.

3. 発音編 ② 基本母音

中国語の母音（韻母）は計36ある。下記7つの母音は「基本母音」と言われる。さらに基本母音は、a～üまでを**単母音**、erを**反り舌母音**に区別することができる。 CD-09

a：口を大きく開いて「ア」　　　　　　　i（yi）：口を横に引いて「イ」
　ā　á　ǎ　à　　　　　　　　　　　　　　yī　yí　yǐ　yì

o：口を丸く開いて「オ」　　　　　　　　u（wu）：口をすぼめて「ウ」
　ō　ó　ǒ　ò　　　　　　　　　　　　　　wū　wú　wǔ　wù

e：エの口の開きで、喉の奥から「オァ」　ü（yu）：ユの口の開きのまま「イ」
　ē　é　ě　è　　　　　　　　　　　　　　yū　yú　yǔ　yù

er：舌を巻き上げながら「ア」
　ēr　ér　ěr　èr

※₁ i と yi、u と wu、ü と yu はそれぞれ同じ音。（「3.2. 隔音記号と y・w」参照）
※₂ er は子音（「3.3. 子音」参照）と組み合わされることはない。

【リスニング】拼音を答えましょう。 CD-10

①一　②二　③五　④雨　⑤饿　⑥耳　⑦阿姨　⑧俄语

3.1. 声調符号を付ける位置

広い	中間	狭い
a	o e	i u ü

1、表中のいずれかの母音の上。
2、優先度は口の開きが広い、中間、狭いの順。
3、「子音＋iu」または「子音＋ui」は、それぞれの音節の末尾。
※「i」に声調符号をつける場合、iの点を省略する。

3.2. 隔音記号と y・w

「a、o、e」で始まる音節は他の音節の直後にくる場合、隔音符号「'」を用いて区切る位置を示す。また、「i、u、ü」で始まる音節は、常にyやwを用いた表記に変更される。

隔音符号

西安　　　东欧　　　女儿
Xī'ān　　Dōng'ōu　　nǚ'ér

y と w

笔译　　　跳舞　　　汉语
bǐyì　　　tiàowǔ　　Hànyǔ

《 言ってみよう⑤ 》 CD-11

对不起！ごめんなさい！　　不好意思。恐れ入ります。　　没 关系！かまいません！
Duìbuqǐ!　　　　　　　　　Bù hǎoyìsi.　　　　　　　　Méi guānxi!

3.3. 子音

中国語の子音（声母）は計21ある。子音には「3.3.1.」～「3.3.6.」の特徴以外にも、息を抑え気味に発音する「**無気音**」（b、d、g、j、zh、z）、息を強く送り出して発音する「**有気音**」（p、t、k、q、ch、c）とがある。

3.3.1. 唇音 …上下の唇または唇と歯がふれる CD-12

		a	o	e	i	u	ü
無気	b	ba	bo		bi	bu	
有気	p	pa	po		pi	pu	
	m	ma	mo	me	mi	mu	
	f	fa	fo			fu	

【リスニング】拼音を答えましょう。 CD-13

①八　　②笔　　③不　　④木

⑤米　　⑥爬　　⑦爸爸　　⑧父母

3.3.2. 舌尖音 …舌先を上の歯茎の裏にあてる CD-14

		a	o	e	i	u	ü
無気	d	da		de	di	du	
有気	t	ta		te	ti	tu	
	n	na		ne	ni	nu	nü
	l	la	lo	le	li	lu	lü

【リスニング】拼音を答えましょう。 CD-15

①他　　②那　　③女　　④你

⑤大　　⑥绿　　⑦地图　　⑧弟弟

3.3.3. 舌根音 …舌の根元を盛りあげる CD-16

		a	o	e	i	u	ü
無気	g	ga		ge		gu	
有気	k	ka		ke		ku	
	h	ha		he		hu	

【リスニング】拼音を答えましょう。 CD-17

①歌　　②课　　③和　　④哭

⑤喝　　⑥苦　　⑦可乐　　⑧哥哥

3.3.4. 舌面音 …舌先を下の歯茎にあてる CD-18

		a	o	e	i	u	ü
無気	j				ji		ju
有気	q				qi		qu
	x				xi		xu

※üは子音j、q、xと組み合わさると、üの「ウムラウト（¨）」が省略される。

【リスニング】拼音を答えましょう。 CD-19

①七　　②鸡　　③去　　④几

⑤剧　　⑥戏　　⑦必需　　⑧洗衣

《 言ってみよう⑥》 CD-20 ----------------------

懂了 吗? 分かりましたか？——懂 了。分かりました。／ 不 懂。分かりません。
Dǒngle ma?　　　　　　　　　　Dǒng le.　　　　　　　　Bù dǒng.

3.3.5. 捲舌音…舌先を反りあげる CD-21

		a	o	e	i	u	ü
無気	zh	zha		zhe		zhu	
有気	ch	cha		che		chu	
	sh	sha		she		shu	
	r			re		ru	

【リスニング】拼音を答えましょう。 CD-22

①住　　②书　　③这　　④数

⑤热　　⑥差　　⑦汽车　　⑧沙漠

3.3.6. 舌歯音…舌先を上の歯の裏にあてる CD-23

		a	o	e	i	u	ü
無気	z	za		ze		zu	
有気	c	ca		ce		cu	
	s	sa		se		su	

【リスニング】拼音を答えましょう。 CD-24

①醋　　②足　　③擦　　④粗

⑤组　　⑥宿　　⑦绿色　　⑧速度

コラム：中国語の検定試験１

　中国語には、大きく分けて２つの試験があります。「中国語検定試験（準４級〜１級）」、「HSK（１級〜６級）」です。「中国語検定試験」は日本国内の試験、「HSK」は中国が全世界の中国語学習者に向けて行っている試験です。ともに、年数回日本国内で受験可能です。

　「中国語検定試験」は、日本人の苦手なピンイン、リスニング、文法などが、レベルごとにバランスよく配置されています。「HSK」は、日本語母語話者以外も対象にした試験なので、初級レベルではピンインを重視しています。

　皆さんが当面の目標にするであろう「中国語検定準４級」合格に必要なレベルは、「基礎単語約500語による発音（ピンイン表記）及び単語の意味，日常挨拶語約50〜80による語句・単文の中国語訳」、「HSK２級」については、「300語程度の常用単語と文法知識を習得している者を対象としています。大学の第二外国語における第一年度後期履修程度の学習が目安とされています。」というレベルです。

　中国語をより深く理解するために、これらの試験を活用してみてはいかがですか？

《 言ってみよう⑦ 》 CD-25

有 问题 吗？ 質問はありますか？——有。あります。／ 没有。ありません。
Yǒu wèntí ma?　　　　　　　　　　　　Yǒu.　　　　　　Méiyǒu.

4. 発音編③ 変化する声調と音

4.1. 声調変化（変調）

後ろの音節の声調によって本来の声調が変化することがある。これを「声調変化」或いは「変調」という。

①一 yī の変調 CD-26

意味	ますます	何もない	一緒に	15分
漢語	一发	一无	一起	一刻
変調前	yīfā	yīwú	yīqǐ	yīkè
変調後	yìfā	yìwú	yìqǐ	yíkè

※ "第一 dì yī" などの順番、"薄一波" Bó Yībō などの固有名詞の "一" は変調しない。

② 不 bù の変調 CD-27

意味	行かない
漢語	不去
変調前	bùqù
変調後	búqù

③ 第三声＋第三声の変調 CD-28

前後で第三声が続いた場合、「第二声＋第三声」で発音するが、声調符号は変更しない。

意味	～してよい
漢語	可以
変調前	kěyǐ
変調後	kéyǐ

「本日の体育（ˋ）は体育（ˊ）着には着替えずに体育（ˊ）館に移動してください」

4.2. 3つの「i」 CD-29

「i」には【3.発音編②基本母音】で学んだ音の他、さらに2通りの発音がある。1つが【3.3.5. 捲舌音】zh、ch、sh、r と組み合わせる「i [ʅ]」。もう1つが【3.3.6. 舌歯音】z、c、s と組み合わせる「i [ɿ]」。※ [ ] 内の記号は国際音声記号。

口を横に ─┬─ 強く引いて（3.発音編②基本母音）「イ」　bi pi mi di ti ni li ji qi xi
　　　　　├─ 軽く引き舌先を上に反らせて曖昧に「イ」　zh chi shi ri
　　　　　└─ 軽く引き・・・・・・・・曖昧に「ウ」　zi ci si

《 言ってみよう⑧ 》 CD-30 ----------------------

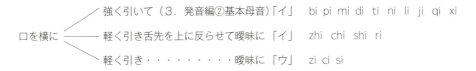

请 跟 我 念(读)。私の後に続いて読んでください。　　请 大家 一起 念(读)。皆で一緒に読んでください。
Qǐng gēn wǒ niàn(dú).　　　　　　　　　　　　　　Qǐng dàjiā yìqǐ niàn(dú).

早口言葉にチャレンジ　CD-31

四 是 四，十 是 十，十四 是 十四，四十 是 四十。　是：動 ～は…です
Sì shì sì, shí shì shí, shísì shì shísì, sìshí shì sìshí.　shì

4.3. 儿化（アル化）　CD-32

音節の後ろに"儿（e）r"を加えて語尾を反り舌化する。これを"儿化"という。その役目は品詞を変える、ニュアンスを柔らかくする等である。"儿化"された際の規則は次の通り。

① a, o, e, u で終わる音節はそのままアル化　　哪→哪儿　　歌→歌儿
　　　　　　　　　　　　　　　　　　　　　　nǎ　nǎr　　　gē　gēr

② i、n で終わる音節は i、n をとってアル化　　味→味儿　　点→点儿
　　　　　　　　　　　　　　　　　　　　　　wèi　wèr　　diǎn　diǎr

③ zhi、chi、shi、zi、ci、si は i を省略し er を加える　事→事儿　　词→词儿
　　　　　　　　　　　　　　　　　　　　　　　　　　shì　shèr　　cí　cér

④基本母音 i、ü の音節は er を加える　　　　　　鸡→鸡儿　　曲→曲儿
　　　　　　　　　　　　　　　　　　　　　　　jī　jiēr　　　qǔ　qūer

⑤ ng で終わる音節は ng の直前の音をアル化　　空→空儿　　样→样儿
　　　　　　　　　　　　　　　　　　　　　　kōng　kōr　　yàng　yàr

※"儿化"した場合の拼音表記は、本来の音節の末尾に r を付け加える。

文を使って発音練習①　文中①②③の語を入れ替えて会話練習をしましょう。　CD-33

（①）是（②）的（③）吗？──（①）是（②）的（③）。／（①）不 是（②）的（③）。
　　　shì　　de　　 ma?　　　　　shì　　de　　　　　　 bú shì　　de　　　.

①は②の③ですか。　　　①は②の③です。　　　①は②の③ではありません。
☞ p.28「第 1 課」参照。

①：这　　那
　　zhè　 nà
　　これ　あれ

②：他　　她　　爸爸　　妈妈　　哥哥　　弟弟
　　tā　　tā　　bàba　　māma　　gēge　　dìdi
　　彼　　彼女　お父さん　お母さん　お兄さん　弟

③：衣服　大衣　雨衣　汽车　礼物　地图　杂志　日记　绿茶　可乐　裤子
　　yīfu　dàyī　yǔyī　qìchē　lǐwù　dìtú　zázhì　rìjì　lǜchá　kělè　kùzi
　　衣類　上着　レインコート　車　プレゼント　地図　雑誌　日記　緑茶　コーラ　ズボン

《 言ってみよう⑨ 》　CD-34

什么 意思？ どういう意味ですか？　　　用　中文　怎么　说？ 中国語でどう言いますか？
Shénme yìsi ?　　　　　　　　　　　　　Yòng Zhōngwén zěnme shuō ?

5. 発音編 ④ 二重母音

基本母音を２つ続けて発音する母音を「二重母音」と言う。二重母音は、前半の音が強い「＞（小なり）型」と後半の音が強い「＜（大なり）型」の２つに分かれ、「6. 発音編③三重母音」と合わせて「複（合）母音」とも言われる。 CD-35

＞型					＜型					
ai	…	āi	ái	ǎi	ài	ia	(ya)	…	yā	yá	yǎ	yà
ei	…	ēi	éi	ěi	èi	ie	(ye)	…	yē	yé	yě	yè
ao	…	āo	áo	ǎo	ào	ua	(wa)	…	wā	wá	wǎ	wà
ou	…	ōu	óu	ǒu	òu	uo	(wo)	…	wō	wó	wǒ	wò
						üe	(yue)	…	yuē	yué	yuě	yuè

※複合母音の「e」は全て日本語のエに近い。

【リスニング】拼音を答えましょう。 CD-36

①月　　②我　　③矮　　④欸　　⑤爱　　⑥也　　⑦西欧　　⑧牙齿

5.1. 子音 ＋ 二重母音

＜型の各二重母音の**１つ目の音「i、u、ü」を介音**という。子音と強く発音される**後半の音「a、o、e」（主母音）**に繋ぐ役割を持つ。

5.1.1. 唇音 CD-37

	ai	ao	ou	ei	ia	ie	ua	uo	üe
b	bai	bao		bei		bie			
p	pai	pao	pou	pei		pie			
m	mai	mao	mou	mei		mie			
f			fou	fei					

【リスニング】拼音を答えましょう。 CD-38

①拍　　②猫　　③北

④报　　⑤白　　⑥跑

⑦帽子　　⑧买卖

5.1.2. 舌尖音 CD-39

	ai	ao	ou	ei	ia	ie	ua	uo	üe
d	dai	dao	dou	dei	dia	die		duo	
t	tai	tao	tou			tie		tuo	
n	nai	nao	nou	nei		nie		nuo	nüe
l	lai	lao	lou	lei	lia	lie		luo	lüe

【リスニング】拼音を答えましょう。 CD-40

①都　　②多　　③楼

④累　　⑤来　　⑥雷

⑦头发　　⑧耳朵

《 言ってみよう⑩ 》 CD-41

怎么 念? どう読みますか？　　请 再 说 一 遍。もう一度言ってください。
Zěnme niàn?　　　　　　　　　Qǐng zài shuō yí biàn.

5.1.3. 舌根音 CD-42

	ai	ao	ou	ei	ia	ie	ua	uo	üe
g	gai	gao	gou	gei			gua	guo	
k	kai	kao	kou	kei			kua	kuo	
h	hai	hao	hou	hei			hua	huo	

CD-43

【リスニング】拼音を答えましょう。

①狗　②开　③好

④火　⑤黑　⑥给

⑦时候　⑧孩子

5.1.4. 舌面音 CD-44

	ai	ao	ou	ei	ia	ie	ua	uo	üe
j					jia	jie			jue
q					qia	qie			que
x					xia	xie			xue

CD-45

【リスニング】拼音を答えましょう。

①下　②雪　③加

④切　⑤写　⑥假

⑦姐姐　⑧学习

5.1.5. 捲舌音 CD-46

	ai	ao	ou	ei	ia	ie	ua	uo	üe
zh	zhai	zhao	zhou	zhei			zhua	zhuo	
ch	chai	chao	chou				chua	chuo	
sh	shai	shao	shou	shei			shua	shuo	
r		rao	rou				rua	ruo	

CD-47

【リスニング】拼音を答えましょう。

①找　②谁　③炒

④少　⑤抓　⑥粥

⑦亚洲　⑧说话

5.1.6. 舌歯音 CD-48

	ai	ao	ou	ei	ia	ie	ua	uo	üe
z	zai	zao	zou	zei				zuo	
c	cai	cao	cou					cuo	
s	sai	sao	sou					suo	

CD-49

【リスニング】拼音を答えましょう。

①左　②错　③早

④走　⑤坐　⑥在

⑦草莓　⑧作业

《 言ってみよう⑪》 CD-50

很 好。とても良い。　　非常 好。非常に良い。
Hěn hǎo.　　　　　　　Fēicháng hǎo.

文を使って発音練習② 文中①②の語を入れ替えて会話練習をしましょう。　CD-51

你的（①）在（②）里吗？——我的（①）在（②）里。／我的（①）不在（②）里。
Nǐ de　　zài　　li ma?　　Wǒ de　zài　　li.　　Wǒ de　　bú zài　　li.

あなたの①は②にありますか。　　私の①は②にあります。　　私の①は②にありません。

☞p.64「第9課」、単語のまとめp.104「方位詞」参照。

①：报纸　　杯子　　手机　　护照　　咖啡　　毛衣　　帽子　　旗袍　　手套　　鞋子
　　bàozhǐ　bēizi　shǒujī　hùzhào　kāfēi　máoyī　màozi　qípáo　shǒutào　xiézi
　　新聞　　コップ　携帯電話　パスポート　コーヒー　セーター　帽子　チャイナドレス　手袋　靴

②：这里　　那里　　家　　桌子　　抽屉　　背包　　书包　　书架　　卧室　　地下室
　　zhèli　nàli　jiā　zhuōzi　chōuti　bēibāo　shūbāo　shūjià　wòshì　dìxiàshì
　　ここ　　あそこ　家　　机　　引出し　リュック　スクールバッグ　書棚　寝室　地下室

コラム：中国語の検定試験2

「通訳案内士試験」を取得すると、外国人観光客を有償でガイドすることができます。日本では語学における唯一の国家試験として知られていることもありますので、合格率は2016年度で9.5％と難関ですが、将来の目標にしてみてはいかがでしょうか。ちなみに、中国語検定準1級かHSK6級の合格により、一次試験の中国語が免除になりますので、あとは日本地理、日本歴史、一般常識の3科目に合格することで二次試験の面接に進むことができます。目標を高く持って日々学んでいきましょう！

《 言ってみよう⑫ 》 CD-52

太棒了！ たいしたものだ！　　真了不起！ 本当にすごい！
Tài bàng le!　　　　　　　　Zhēn liǎobuqǐ!

6. 発音編 ⑤ 三重母音

基本母音を3つ連続で発音する母音を三重母音と言い、＜＞型で真ん中の音を最も強く発音する。 CD-53

iao (yao) … yāo yáo yǎo yào   uai (wai) … wāi wái wǎi wài
iou (you) … yōu yóu yǒu yòu   uei (wei) … wēi wéi wěi wèi

※複合母音の「e」は日本語のエに近い。

【リスニング】拼音を答えましょう。 CD-54
①药　②幺　③喂　④有　⑤外　⑥位　⑦邮局　⑧为了

6.1. 子音 + 三重母音

iou と uei は子音と組み合わさると、本来最も強く発音すべき真ん中の音（iou の o、uei の e）が最も弱くなり、声調によっては微かに聞こえる程度までになる。また表記上も省略される。

6.1.1. 唇音 CD-55

	iao	iou	uai	uei
b	biao			
p	piao			
m	miao	miu		
f				

【リスニング】拼音を答えましょう。 CD-56
①票　②秒　③表　④俵

⑤描　⑥谬　⑦目标　⑧车票

6.1.2. 舌尖音 CD-57

	iao	iou	uai	uei
d	diao	diu		dui
t	tiao			tui
n	niao	niu		
l	liao	liu		

【リスニング】拼音を答えましょう。 CD-58
①牛　②条　③六　④丢

⑤鸟　⑥对　⑦纽约　⑧调料

6.1.3. 舌根音 CD-59

	iao	iou	uai	uei
g			guai	gui
k			kuai	kui
h			huai	hui

【リスニング】拼音を答えましょう。 CD-60
①快　②会　③坏　④回

⑤怪　⑥贵　⑦快乐　⑧规则

《 言ってみよう⑬ 》 CD-61 ----------------------
我 饿 了。お腹が空いた。　　吃饱 了。お腹一杯です。
Wǒ è le.　　　　　　　　　Chībǎo le.

6.1.4. 舌面音 CD-62

	iao	iou	uai	uei
j	jiao	jiu		
q	qiao	qiu		
x	xiao	xiu		

【リスニング】拼音を答えましょう。 CD-63

①九　　②酒　　③小　　④叫

⑤脚　　⑥笑　　⑦学校　⑧休息

6.1.5. 捲舌音 CD-64

	iao	iou	uai	uei
zh			zhuai	zhui
ch			chuai	chui
sh			shuai	shui
r				rui

【リスニング】拼音を答えましょう。 CD-65

①垂　　②追　　③帅　　④水

⑤税　　⑥锐　　⑦睡觉　⑧吹牛

6.1.6. 舌歯音 CD-66

	iao	iou	uai	uei
z				zui
c				cui
s				sui

【リスニング】拼音を答えましょう。 CD-67

①最　　②岁　　③罪　　④嘴

⑤醉　　⑥隋　　⑦随意　⑧岁数

文を使って発音練習③ 文中①②の語を入れ替えて会話練習をしましょう。 CD-68

（①）有（②）吗？ ──── （①）有（②）。 ／ （①）没有（②）。
　　yǒu　　ma?　　　　　　　yǒu　　.　　　　　méiyǒu　　.

①（場所）には②がありますか？　①（場所）には②があります。　①（場所）には②がありません。
①（ヒト）は②を持っていますか？　①（ヒト）は②を持っています。　①（ヒト）は②を持っていません。
⇨p.60「第8課」、p.64「第9課」参照。

①： 教室里　　学校里　　邮局里　　姐姐　　妹妹　　我　　你
　　 jiàoshìli　xuéxiàoli　yóujúli　　jiějie　　mèimei　wǒ　nǐ
　　 教室（の中）学校内　 郵便局（の中）お姉さん　妹　　私　あなた

②： 车票　　小号　　牛仔裤　　巧克力　　筷子　　资料　　秒表　　泻药　　腰带　　手表
　　 chēpiào　xiǎohào　niúzǎikù　qiǎokèlì　kuàizi　zīliào　miǎobiǎo　xièyào　yāodài　shǒubiǎo
　　 切符　トランペット　ジーンズ　チョコレート　箸　資料　ストップウォッチ　下剤　ベルト　腕時計

《 言ってみよう⑭ 》 CD-69 ----------------------

我 要 这个。これが欲しいです。　　　多少 钱？おいくらですか？
Wǒ yào zhège.　　　　　　　　　　　Duōshao qián？

7. 発音編 ⑥ 鼻音を伴う母音

CD-70

前鼻音 ～n

舌先を上あごの前の方に押しつけて「ン」
「アンナイ（案内）」の「ン」

奥鼻音 ～ng

舌の奥の方を上あごに押しつけて「ン」
「アンガイ（案外）」の「ン」

an		ān	án	ǎn	àn	ang		āng	áng	ǎng	àng
en		ēn	én	ěn	èn	eng		ēng	éng	ěng	èng
ian	(yan)	yān	yán	yǎn	yàn	iang	(yang)	yāng	yáng	yǎng	yàng
in	(yin)	yīn	yín	yǐn	yìn	ing	(ying)	yīng	yíng	yǐng	yìng
uan	(wan)	wān	wán	wǎn	wàn	uang	(wang)	wāng	wáng	wǎng	wàng
uen	(wen)	wēn	wén	wěn	wèn	ueng	(weng)	wēng	wéng	wěng	wèng
üan	(yuan)	yuān	yuán	yuǎn	yuàn	ong		ōng	óng	ǒng	òng
ün	(yun)	yūn	yún	yǔn	yùn	iong	(yong)	yōng	yóng	yǒng	yòng

※₁ en の e と ian の a は「エ」に近い。　　※₂ ueng（weng）は子音と組み合わされることはない。

【リスニング】 拼音を答えましょう。　**CD-71**

①问　　②远　　③王　　④云　　⑤硬　　⑥万　　⑦西安　　⑧阴阳

7.1. 子音 + 鼻音を伴う母音

　uen は子音と組み合わさると、本来最も強く発音すべき真ん中の音 e が最も弱くなり、声調によっては微かに聞こえる程度までになる。また表記上も省略される。

7.1.1. 唇音 CD-72

	an	en	in	ian	uan	uen	üan	ün	ang	eng	iang	ing	iong	ong	uang
b	ban	ben	bin	bian					bang	beng		bing			
p	pan	pen	pin	pian					pang	peng		ping			
m	man	men	min	mian					mang	meng		ming			
f	fan	fen							fang	feng					

【リスニング】 拼音を答えましょう。　**CD-73**

①风　　②忙　　③办　　④冰　　⑤明　　⑥胖　　⑦房门　　⑧旁边

《 言ってみよう⑮ 》 CD-74

有人吗? どなたかいますか？／有空吗? お暇はありますか？── 有。います。／ 没有。いません。
Yǒu rén ma ?　　　　　Yǒu kòng ma ?　　　　　　Yǒu.　　　　　Méiyǒu.

7.1.2. 舌尖音 CD-75

	an	en	in	ian	uan	uen	üan	ün	ang	eng	iang	ing	iong	ong	uang
d	dan	den		dian	duan	**dun**			dang	deng		ding		dong	
t	tan			tian	tuan	**tun**			tang	teng		ting		tong	
n	nan	nen	nin	nian	nuan				nang	neng	niang	ning		nong	
l	lan		lin	lian	luan	**lun**			lang	leng	liang	ling		long	

【リスニング】拼音を答えましょう。 CD-76

①甜　　②难　　③零　　④年　　⑤龙　　⑥等　　⑦东西　　⑧电灯

7.1.3. 舌根音 CD-77

	an	en	in	ian	uan	uen	üan	ün	ang	eng	iang	ing	iong	ong	uang
g	gan	gen			guan	**gun**			gang	geng				gong	guang
k	kan	ken			kuan	**kun**			kang	keng				kong	kuang
h	han	hen			huan	**hun**			hang	heng				hong	huang

【リスニング】拼音を答えましょう。 CD-78

①很　　②看　　③汗　　④更　　⑤困　　⑥刚　　⑦工作　　⑧汉语

7.1.4. 舌面音 CD-79

	an	en	in	ian	uan	uen	üan	ün	ang	eng	iang	ing	iong	ong	uang
j			jin	jian			**juan**	**jun**			jiang	jing	jiong		
q			qin	qian			**quan**	**qun**			qiang	qing	qiong		
x			xin	xian			**xuan**	**xun**			xiang	xing	xiong		

【リスニング】拼音を答えましょう。 CD-80

①新　　②先　　③钱　　④近　　⑤讲　　⑥想　　⑦熊猫　　⑧香蕉

《 言ってみよう⑯ 》 CD-81 ----------------------

生日 快乐! 誕生日おめでとう!　　圣诞节 快乐! メリークリスマス!
Shēngrì kuàilè!　　　　　　　　　Shèngdànjié kuàilè!

7.1.5. 捲舌音 CD-82

	an	en	in	ian	uan	uen	üan	ün	ang	eng	iang	ing	iong	ong	uang
zh	zhan	zhen			zhuan	zhun			zhang	zheng				zhong	zhuang
ch	chan	chen			chuan	chun			chang	cheng				chong	chuang
sh	shan	shen			shuan	shun			shang	sheng					shuang
r	ran	ren			ruan	run			rang	reng				rong	

【リスニング】拼音を答えましょう。 CD-83

①山　②站　③上　④深　⑤扔　⑥重　⑦容易　⑧中文

7.1.6. 舌歯音 CD-84

	an	en	in	ian	uan	uen	üan	ün	ang	eng	iang	ing	iong	ong	uang
z	zan	zen			zuan	zun			zang	zeng				zong	
c	can	cen			cuan	cun			cang	ceng				cong	
s	san	sen			suan	sun			sang	seng				song	

【リスニング】拼音を答えましょう。 CD-85

①送　②伞　③从　④三　⑤酸　⑥村　⑦餐厅　⑧聪明

文を使って発音練習④　文中①②の語を入れ替えて会話練習をしましょう。 CD-86

（①）想 买 什么？ ——（①）想 买（②）。
　　xiǎng mǎi shénme?　　　　　xiǎng mǎi

①は何を買いたいですか？　　①は②を買いたいです。
⇨p.36「第3課」参照。

① ：　我们　　你们　　他们　　她们　　客人　　留学生　　大学生　　高中生　　中国人
　　wǒmen　nǐmen　tāmen　tāmen　kèrén　liúxuéshēng　dàxuéshēng　gāozhōngshēng　Zhōngguórén
　　私たち　あなたたち　彼ら　彼女ら　お客さん　留学生　　大学生　　高校生　　中国人

② ：　词典　　课本　　漫画　　电脑　　面包　　钢琴　　钱包　　午餐　　东西　　衣服
　　cídiǎn　kèběn　mànhuà　diànnǎo　miànbāo　gāngqín　qiánbāo　wǔcān　dōngxi　yīfu
　　辞書　教科書　漫画　パソコン　パン　ピアノ　財布　昼食　モノ　衣類

《 言ってみよう⑰ 》 CD-87

太 好 了! いいね！　　真 可笑! 本当に面白い！
Tài hǎo le!　　　　Zhēn kěxiào!

ウォーミングアップ１：数詞(1)０〜99と時点の表現

①０〜10 CD-88

零	一／幺	二／两	三	四	五	六	七	八	九	十
líng	yī / yāo	èr / liǎng	sān	sì	wǔ	liù	qī	bā	jiǔ	shí

②電話番号 CD-89

你 的 电话 号码 是 多少？ ——— 我 的 电话 号码 是 ０３７１２３…。
Nǐ de diànhuà hàomǎ shì duōshao?　　Wǒ de diànhuà hàomǎ shì líng sān qī yāo èr sān…

③部屋番号 CD-90

老师 的 研究室 号码 是 多少？ ——— 老师 的 研究室 号码 是 ９１１。
Lǎoshī de yánjiūshì hàomǎ shì duōshao?　　Lǎoshī de yánjiūshì hàomǎ shì jiǔ yāo yāo.

④西暦（紀元前）の問答 CD-91

哪 一 年？ ———（公元 ２０）１８ 年。　公元 前 ２２１ 年。
Nǎ yì nián?　　(Gōngyuán èr líng) yī bā nián.　Gōngyuán qián èr èr yī nián.

⑤11〜99 CD-92

十一	十二	十三	十四	十五	十六	十七	十八	十九
shíyī	shí'èr	shísān	shísì	shíwǔ	shíliù	shíqī	shíbā	shíjiǔ

二十	二十一	二十二	・・・	九十八	九十九
èrshí	èrshiyī	èrshi'èr		jiǔshibā	jiǔshijiǔ

⑥年齢の問答 CD-93

你 家 小狗 几 岁 了？ ——— 我 家 小狗（它）十一 岁 了。
Nǐ jiā xiǎogǒu jǐ suì le?　　Wǒ jiā xiǎogǒu (Tā) shíyī suì le.

她 孩子 多大 了？ ——— 她 孩子 已经 二十 岁 了。
Tā háizi duōdà le?　　Tā háizi yǐjīng èrshí suì le.

你 爸爸 今年 多大 岁数 了？ ——— 我 爸爸 今年 四十四 岁 了。
Nǐ bàba jīnnián duōdà suìshu le?　　Wǒ bàba jīnnián sìshisì suì le.

⑦日付の表現 CD-94

几 月？ 一 月 二 月 ・・・ 十一 月 十二 月
jǐ yuè? yī yuè èr yuè　　shíyī yuè shí'èr yuè

几 号？ 一 号 二 号 ・・・ 三十 号 三十一 号
jǐ hào? yī hào èr hào　　sānshí hào sānshiyī hào

⑧誕生日の問答 CD-95

你 的 生日 几 月 几 号？ ——— 我 的 生日 十 月 一 号。
Nǐ de shēngrì jǐ yuè jǐ hào?　　Wǒ de shēngrì shí yuè yī hào.

《 言ってみよう⑱ 》 CD-96 ----------------------

请 问 一下。ちょっとお尋ねします。　请 进。お入りください。
Qǐng wèn yíxià.　　　　　　　　　　　Qǐng jìn.

⑨曜日の表現 CD-97

星期几？　星期一　星期二・・・星期六　　星期天
xīngqī jǐ?　xīngqīyī　xīngqī'èr　　xīngqīliù　xīngqītiān

⑩時間帯（1日の区分）の表現 CD-98

早上　上午　中午　下午　傍晚　晚上
zǎoshang　shàngwǔ　zhōngwǔ　xiàwǔ　bàngwǎn　wǎnshang

⑪時刻の表現 CD-99

几点？　一点　两点・・・十一点　十二点
jǐ diǎn?　yī diǎn　liǎng diǎn　　shíyī diǎn　shí'èr diǎn

几 分？　（零）一 分　（零）二 分・・・十 分・・・十五 分（＝一刻）・・・
jǐ fēn?　（líng) yī fēn　（líng') èr fēn　　shí fēn　　shíwǔ fēn　（yīkè)

　　　　三十 分（＝半）・・・四十五 分（＝三刻）・・・五十九 分
　　　　sānshí fēn　(bàn)　　sìshiwǔ fēn　(sānkè)　　wǔshijiǔ fēn

⑫時刻の問答 CD-100

现在 几点？ ——— 现在 两点 四十五 分。　差 十五 分 三点。
Xiànzài jǐ diǎn?　　Xiànzài liǎng diǎn sìshiwǔ fēn.　Chà shíwǔ fēn sān diǎn.

⑬数詞を用いない時点 CD-101

过去　　　　　　　现在　　　　　　　未来　　↻
guòqù　　　　　　xiànzài　　　　　　wèilái

前年	去年	今年	明年	后年	每年
qiánnián	qùnián	jīnnián	míngnián	hòunián	měinián
	上个月	这个月	下个月		每个月
	shàng ge yuè	zhè ge yuè	xià ge yuè		měi ge yuè
	上个星期	这个星期	下个星期		每个星期
	shàng ge xīngqī	zhè ge xīngqī	xià ge xīngqī		měi ge xīngqī
前天	昨天	今天	明天	后天	每天
qiántiān	zuótiān	jīntiān	míngtiān	hòutiān	měitiān

※₁ "个"は省略することができる。　※₂ "上个星期～每个星期"は後ろに"一～六、天"を加えることができる。

⑭季節の単語 CD-102

四季　春天　夏天　秋天　冬天
sìjì　chūntiān　xiàtiān　qiūtiān　dōngtiān

《 言ってみよう⑲ 》 CD-103 ----------------------

请 喝 茶。お茶をどうぞ。　　您 先 请。お先にどうぞ。
Qǐng hē chá.　　　　　　　Nín xiān qǐng.

ウォーミングアップ２：数詞(2)100 以上と時間量の表現

⑮100以上 CD-104

一百　　　　　　　　　一千　　　　　　　　　一万
yìbǎi　　　　　　　　　yìqiān　　　　　　　　　yíwàn

(1) 必ず"一"が必要。⇒p.13「"一"の変調」参照。

一百零一　　　　　　　一千零一　　　　　　　一万零一
yìbǎi líng yī　　　　　　yìqiān líng yī　　　　　　yíwàn líng yī

(2) 中間に0が複数あっても"零"は一つ。

一百一（十）　　　　　一千一（百）　　　　　一万一（千）
yìbǎi yī (shí)　　　　　yìqiān yī (bǎi)　　　　　yíwàn yī (qiān)

(3) 3桁以上では10にも"一"が必要。後ろが全て0なら後ろの桁を省略できる。

两百二十二　　　　　　两千二百二十二　　　　两万二千二百二十二
liǎngbǎi èrshí'èr　　　　liǎngqiān èrbǎi èrshí'èr　　liǎngwàn èrqiān èrbǎi èrshí'èr

(4) 先頭の2は"两"を用いる。

(5) 3桁以上の数字は0、1、2が含まれていなければ、日本語の語順と同じ。

⑯時間量（時間の長さ）の表現 CD-105

几　年？　　　　　　　一　年　　　　　　两　年　　　・・・一百　年　（＝一个　世纪）
jǐ nián?　　　　　　　　yì nián　　　　　　liǎng nián　　　　yìbǎi nián　　（yí ge shìjì）

几 个 月？　　　　　　一 个 月　　　　　两 个 月
jǐ ge yuè?　　　　　　　yí ge yuè　　　　　liǎng ge yuè

几 个 星期？　　　　　一 个 星期　　　　两 个 星期
jǐ ge xīngqī?　　　　　yí ge xīngqī　　　　liǎng ge xīngqī

几　天？　　　　　　　一　天　　　　　　两　天
jǐ tiān?　　　　　　　　yì tiān　　　　　　liǎng tiān

几 个 小时？　　　　　一 个 小时　　　　两 个 小时
jǐ ge xiǎoshí?　　　　　yí ge xiǎoshí　　　liǎng ge xiǎoshí

几 分（钟）？　　　　一 分（钟）　　　两 分（钟）・・・三十 分（钟）（＝半 个 小时）
jǐ fēn (zhōng)?　　　　yì fēn (zhōng)　　liǎng fēn (zhōng)　　sānshí fēn (zhōng)　（bàn ge xiǎoshí）

《 言ってみよう⑳ 》 CD-106

欢迎　光临。ようこそいらっしゃいました。　　认识 您, 很 高兴！お会いできて、とても嬉しいです！
Huānyíng guānglín.　　　　　　　　　　　　　Rènshi nín, hěn gāoxìng!

ウォーミングアップ３：自己紹介をしよう

下記の（　）部分の単語を入れ替えながら練習をしましょう。　CD-107

初次　见面！
Chūcì　jiànmiàn!
初めまして！

我　姓　（铃木），叫　（铃木　惠理）。
Wǒ　xìng　(Língmù),　jiào　(Língmù　Huìlǐ).
私の苗字は（鈴木）で、（鈴木恵理）といいます。

我　是　（高中生）。　　　　　　　　大学生　　留学生
Wǒ　shì　(gāozhōngshēng).　　　　　dàxuéshēng　liúxuéshēng
私は（高校生）です。　　　　　　　　大学生　　留学生

今年　（十八）　岁，
Jīnnián　(shíbā)　suì,
今年（18）歳で、

生日　是　（九）月　（二十六）号。
shēngrì　shì　(jiǔ)　yuè　(èrshiliù)　hào.
誕生日は（9）月（26）日です。

我　是　（日本）人。　　　　　中国　　韩国　　德国
Wǒ　shì　(Rìběn)　rén.　　　　Zhōngguó　Hánguó　Déguó
私は（日本）人です。　　　　　中国　　韓国　　ドイツ

我　喜欢　（踢　足球）。　　　　熊猫　　看书　　买东西
Wǒ　xǐhuan　(tī　zúqiú).　　　　xióngmāo　kàn shū　mǎi dōngxi
私は（サッカーをするの）が好きです。　パンダ　読書　買い物

请　多　关照！
Qǐng　duō　guānzhào!
どうぞ宜しくお願いします！

《 言ってみよう㉑ 》 CD-108 --------------------
辛苦　了。お疲れさまです。　　周末　愉快！楽しい週末を！
Xīnkǔ　le.　　　　　　　　　　Zhōumò　yúkuài!

《 いろいろな記号：标点符号 biāodiǎn fúhào 》

　日本語と中国語では書式や句読点の使い方に若干の違いがあります。書式の面で言えば、段落の書き始めを、日本では１字分空けますが、中国語では２文字分です。文章の良さは細部で差がつきます。中国語に限らず日頃から文章を書く際には細部にまで気を配ってみてください。

		中国		日本	用法
1	。	句号 jùhào	。	句点	文末に用いて、文の終わりを示す
2	！	叹号 tànhào	！	感嘆符	文末に用いて、強い感情を示す
3	？	问号 wènhào	？	疑問符	文末に用いて、疑問を示す
4	，	逗号 dòuhào	、	読点	文中で語や節の切れ目を示す
5	、	顿号 dùnhào	、（・）	点（中ぐろ）	語の並列を示す
6	：	冒号 màohào	：	コロン	引用句などの始まりを示す
7	" "	引号 yǐnhào	「 」	鉤括弧	セリフや引用部分を示す
8	《 》	书名号 shūmínghào	『 』	二重鉤括弧	書名などを示す
9	（ ）	小括号 xiǎokuòhào	（ ）	丸括弧	文中の注釈を示す
10	※	星号 xīnghào	※	アスタリスク	注釈や補足説明を示す
11	……	省略号 shěnglüèhào	…	三点リーダー	文中の省略部分を示す。
12	～	代字号 dàizìhào	～	波ダッシュ	辞書などで見出し語を示す。
13	'	隔音符号 géyīn fúhào	'	アポストロフィ	拼音表記の中で音節の切れ目を示す

1課 私は日本人です

对话 CD-109

① A：你 是 日本人 吗？
　　　Nǐ shì Rìběnrén ma?

　B：是，我 是 日本人。
　　　Shì, wǒ shì Rìběnrén.

② A：他们 也 是 日本人 吗？
　　　Tāmen yě shì Rìběnrén ma?

　B：不，他们 不 是 日本人，他们 都 是 中国人。
　　　Bù, tāmen bú shì Rìběnrén, tāmen dōu shì Zhōngguórén.

③ A：那些 都 是 你 的 课本 吗？
　　　Nàxiē dōu shì nǐ de kèběn ma?

　B：不，那些 都 不 是 我 的。
　　　Bù, nàxiē dōu bú shì wǒ de.

④ A：她 是 你 朋友 吗？
　　　Tā shì nǐ péngyou ma?

　B：是，她 和 我 是 好朋友。
　　　Shì, tā hé wǒ shì hǎo péngyou.

短文 CD-110

你 好！我 是 高中 一年级 的 学生。我 爸爸 是
Nǐ hǎo! Wǒ shì gāozhōng yī niánjí de xuésheng. Wǒ bàba shì

日本人，妈妈 是 中国人。
Rìběnrén, māma shì Zhōngguórén.

文法

🐦 動詞 " 是 "

「主語+" 是 "+目的語」で「～は…です」「～は…だ」を表す。否定は副詞 " 不 " を " 是 " の前に置く。疑問は文末に " 吗 " を置く。

(1) 我 是 日本人。
　　Wǒ shì Rìběnrén.

(2) 她 不 是 老师。
　　Tā bú shì lǎoshī.

(3) 你 是 高中生 吗？
　　Nǐ shì gāozhōngshēng ma？　⇨人称代詞はp.103と109以降を参照。

🐦 副詞 " 也 "、" 都 "

副詞 " 也 "（…も）と " 都 "（みな）は動詞の前に置く。" 也 " と " 都 " を一緒に使う場合は、" ～也都… "（～もみな…）の語順となる。　⇨p.105「いろいろな副詞」参照。

(1) 他 也 是 韩国人。
　　Tā yě shì Hánguórén.

(2) 她们 都 是 高中生。
　　Tāmen dōu shì gāozhōngshēng.

(3) 他们 也 都 是 美国人。
　　Tāmen yě dōu shì Měiguórén.

🐦 助詞 " 的 "

(1) 你 的 课本　　(2) 我 的 词典
　　nǐ de kèběn　　　　wǒ de cídiǎn

※「人称代詞＋家族／知人／所属先」の場合、" 的 " はふつう省略する。

(1) 你 爸爸　　(2) 我 朋友　　(3) 她们 学校
　　nǐ bàba　　　wǒ péngyou　　tāmen xuéxiào　⇨親族呼称はp.103と109以降を参照。

※文脈上、" 的 " の後に入るものが分かる場合、省略することができる。

这 是 你 的 词典 吗？── 这 是 我 的。
Zhè shì nǐ de cídiǎn ma？　　Zhè shì wǒ de.　⇨指示代詞はp.103と109以降参照。

🐦 接続詞 " 和 "

(1) 你 和 她　　(2) 爷爷 和 奶奶
　　nǐ hé tā　　　yéye hé nǎinai

※3語以上を並列したい場合は、「、」でつなげて、最後の語の前に " 和 " を置く。

爸爸、妈妈、姐姐 和 妹妹
bàba,　māma,　jiějie　hé　mèimei

単語 CD-111

是 shì	動	…である、はい		高中 gāozhōng	名	高校
日本人 Rìběnrén	名	日本人		年级 niánjí	名	…年生
吗 ma	助	…か？		学生 xuésheng	名	学生、生徒
也 yě	副	…も		老师 lǎoshī	名	先生
不 bù	副	…ではない、いいえ		高中生 gāozhōngshēng	名	高校生
都 dōu	副	みな、全て、いずれも		韩国人 Hánguórén	名	韓国人
中国人 Zhōngguórén	名	中国人		美国人 Měiguórén	名	アメリカ人
那些 nàxiē	代	あれら、それら		词典 cídiǎn	名	辞書
课本 kèběn	名	教科書		学校 xuéxiào	名	学校
的 de	助	…の		这 zhè	代	これ、この
朋友 péngyou	名	友達		大学生 dàxuésheng	名	大学生
和 hé	接	…と		人 rén	名	人、…人、…の方
好朋友 hǎo péngyou		親友				

《 いろいろな国 》 CD-112

1) 法国 Fǎguó
2) 俄罗斯 Éluósī
3) 澳大利亚 Àodàlìyà
4) 埃及 Āijí
5) 德国 Déguó
6) 意大利 Yìdàlì
7) 英国 Yīngguó
8) 马来西亚 Mǎláixīyà
9) 印度 Yìndù
10) 加拿大 Jiānádà
11) 巴西 Bāxī
12) 新加坡 Xīnjiāpō

コラム：中国語の勉強方法 1

　学習が進むにしたがって、段々始めの勢いが落ちてきたら、各課の本文を丁寧に音読することです。教科書に正の字で記録を残すのもいいでしょう。そうすることで、授業で習った文法が身体に染み込み、また自信を持って中国語の学習を進めることができます。まずは毎日10分！と決めて取り組んでみましょう。やってみると、30分経っていた！なんてこともあります。3か月続けたら必ず効果が出てきますよ！

練習問題

A 《 ディクテーション 》 CD-113

語句や文を聞き取ってピンインを書きましょう。

(1) Tāmen _____ shì _____ .

(2) Wǒ _____ dōu shì _____ .

(3) _____

(4) _____

B 《 対話の聞き取り 》 CD-114

中国語の問いを聞き、答えとして最も適当なものを、①~④の中から選びましょう。

(1)
　　　① 　　　② 　　　③ 　　　④

(2)
　　　① 　　　② 　　　③ 　　　④

(3)
　　　① 　　　② 　　　③ 　　　④

(4)
　　　① 　　　② 　　　③ 　　　④

C 《 作文 》

次の文を中国語に訳しましょう。

(1) 彼らは中国人です。

_____

(2) これは私の辞書ではありません。

_____

(3) 彼女は大学生ではなく、高校生です。

_____

(4) 彼らはみなアメリカ人ではありません。

_____

第2課 私はコーヒーを飲みます

対話 CD-115

① A：你 今天 去 学校 吗？
　　　Nǐ jīntiān qù xuéxiào ma?

　B：对，我 去。
　　　Duì, wǒ qù.

② A：你 喝 不 喝 咖啡？
　　　Nǐ hē bu hē kāfēi?

　B：我 不 喝，我 喝 红茶。
　　　Wǒ bù hē, wǒ hē hóngchá.

③ A：你 喝 茶 吧。
　　　Nǐ hē chá ba.

　B：好，谢谢！
　　　Hǎo, xièxie!

④ A：他 是 中国人 吧？
　　　Tā shì Zhōngguórén ba?

　B：不 是，他 是 日本 留学生。
　　　Bú shì, tā shì Rìběn liúxuéshēng.

短文 CD-116

我 姓 山本，叫 山本 一郎。我 来自 东京。我 每天
Wǒ xìng Shānběn, jiào Shānběn Yīláng. Wǒ láizì Dōngjīng. Wǒ měitiān

学习 汉语。
xuéxí Hànyǔ.

文法

動詞述語文

述語が動詞フレーズからなる文。語順は「主語＋動詞（＋目的語）」となる。

(1) 我 吃 面包。
　　Wǒ chī miànbāo.

(2) 他 不 去 中国。
　　Tā bú qù Zhōngguó.

(3) 你 喝 可乐 吗？
　　Nǐ hē kělè ma？

反復疑問文

述語を「肯定形＋否定形」の順に並べると疑問文になる。「動詞＋"不"＋動詞」の間の"不"はふつう軽声で読む。

(1) 她 是 不 是 老师？
　　Tā shì bu shì lǎoshī？

※時点を表す語は主語の前に置くか、後ろに置く。

(2) 您 明天 来 不 来？
　　Nín míngtiān lái bu lái？

※目的語がある場合は、目的語を後ろに置くか、間に置く。

(3) 你 喝 不 喝 乌龙茶？
　　Nǐ hē bu hē wūlóngchá？

(4) 她 喝 茉莉花茶 不 喝？
　　Tā hē mòlìhuāchá bù hē？

助詞 "吧"

語気助詞 "吧" は文の最後に置いて、「…しましょう」（勧誘、提案）、「…でしょう」（推測、確認）などを表す。

(1) 咱们 走 吧。
　　Zánmen zǒu ba.

(2) 你们 吃 饺子 吧。
　　Nǐmen chī jiǎozi ba.

(3) 他 是 你 男 朋友 吧？
　　Tā shì nǐ nán péngyou ba？

(4) 今天 你 去 中国 吧？
　　Jīntiān nǐ qù Zhōngguó ba？

単語 CD-117

去 qù	動	行く	
对 duì	形	そうだ、その通りだ	
喝 hē	動	飲む	
咖啡 kāfēi	名	コーヒー	
红茶 hóngchá	名	紅茶	
茶 chá	名	お茶	
吧 ba	助	…しましょう …でしょう	
好 hǎo	形	よい、よろしい	
谢谢 xièxie		ありがとう	
日本 Rìběn	名	日本	
留学生 liúxuéshēng	名	留学生	
姓 xìng	動	姓は…である	
叫 jiào	動	（名前を）…という	
山本 一郎 Shānběn Yīláng	人名	山本 一郎	
来自 láizì	動	…から来る	
东京 Dōngjīng	名	東京	
学习 xuéxí	動	学ぶ、学習する	
汉语 Hànyǔ	名	中国語、漢語	
吃 chī	動	食べる	
面包 miànbāo	名	パン	
中国 Zhōngguó	名	中国	
可乐 kělè	名	コーラ	
来 lái	動	来る	
乌龙茶 wūlóngchá	名	ウーロン茶	
茉莉花茶 mòlìhuāchá	名	ジャスミン茶	
走 zǒu	動	歩く、行く、出る	
饺子 jiǎozi	名	ギョーザ	
男朋友 nán péngyou		ボーイフレンド	

《 いろいろな飲み物 》 CD-118

1) 可口可乐 Kěkǒu kělè
2) 百事可乐 Bǎishì kělè
3) 雪碧 Xuěbì
4) 芬达 Fēndá
5) 橙汁 chéngzhī
6) 苹果汁 píngguǒzhī
7) 绿茶 lǜchá
8) 龙井茶 Lóngjǐngchá
9) 普洱茶 Pǔ'ěrchá
10) 抹茶 mǒchá
11) 牛奶 niúnǎi
12) 矿泉水 kuàngquánshuǐ

練習問題

A 《 ディクテーション 》 CD-119
語句や文を聞き取ってピンインを書きましょう。

(1) Tāmen _____ Hànyǔ.

(2) _____ shì bu shì _____ ?

(3) _____

(4) _____

B 《 対話の聞き取り 》 CD-120
中国語の問いを聞き、答えとして最も適当なものを、①～④の中から選びましょう。

(1)
　① ② ③ ④

(2)
　① ② ③ ④

(3)
　① ② ③ ④

(4)
　① ② ③ ④

C 《 作文 》
次の文を中国語に訳しましょう。

(1) 明日私たちはアメリカに行きます。
　_____

(2) 日本人もギョーザを食べますか？
　_____

(3) 彼女もアメリカ人でしょう？
　_____

(4) 彼らはみな中国語を勉強しません。
　_____

3課 何を食べたいですか？

対話　　　　　　　　　　　　　　　　　　　　　　　　　CD-121

① A：你 想 吃 什么？
　　　Nǐ xiǎng chī shénme?

　 B：我 想 吃 面条 和 炒饭。
　　　Wǒ xiǎng chī miàntiáo hé chǎofàn.

② A：她 是 谁？
　　　Tā shì shéi?

　 B：她 是 我 同学。
　　　Tā shì wǒ tóngxué.

③ A：你 要 买 葡萄 吗？
　　　Nǐ yào mǎi pútao ma?

　 B：不，我 要 买 苹果。
　　　Bù, wǒ yào mǎi píngguǒ.

④ A：你 是 哪个 大学 的 学生？
　　　Nǐ shì nǎge dàxué de xuésheng?

　 B：我 是 上海大学 的 学生。
　　　Wǒ shì Shànghǎi dàxué de xuésheng.

短文　　　　　　　　　　　　　　　　　　　　　　　　　CD-122

我 现在 学习 汉语。我 要 去 中国。我 想 去 中国 的
Wǒ xiànzài xuéxí Hànyǔ. Wǒ yào qù Zhōngguó. Wǒ xiǎng qù Zhōngguó de

动物园，我 想 看 熊猫，还 想 看 斑马。
dòngwùyuán, wǒ xiǎng kàn xióngmāo, hái xiǎng kàn bānmǎ.

文法

🔖 疑問詞 (1) "谁"、"什么"、"哪个"

疑問詞を使う疑問詞疑問文は、文末に"吗"を使わず、聞きたい箇所に疑問詞を置き、答えはその部分に穴埋めする形で作る。

(1) 他 是 谁？———————— 他 是 我 哥哥。
　　Tā shì shéi?　　　　　　Tā shì wǒ gēge.

(2) 那 是 什么？———————— 那 是 汉语 词典。
　　Nà shì shénme?　　　　　Nà shì Hànyǔ cídiǎn.

(3) 你 的 书包 是 哪个？———— 我 的 书包 是 这个。
　　Nǐ de shūbāo shì nǎge?　　Wǒ de shūbāo shì zhège.

(4) 谁 是 你 爸爸？———————— 他 是 我 爸爸。
　　Shéi shì nǐ bàba?　　　　　Tā shì wǒ bàba.　　⇨疑問詞はp.104と109以降を参照。

🔖 助動詞 (1) "想"

「"想"＋動詞」で「…したい（願望）」を表す。副詞"也"や否定の副詞"不"などは"想"の前に置く。

(1) 我 想 买 手机。
　　Wǒ xiǎng mǎi shǒujī.

(2) 你们 也 想 学习 日语 吗？
　　Nǐmen yě xiǎng xuéxí Rìyǔ ma?

(3) 妹妹 不 想 去。
　　Mèimei bù xiǎng qù.

🔖 助動詞 (2) "要"

「"要"＋動詞」で「…したい（願望）、…するつもりだ（強い意志）」や「…ねばならない（必要性）」を表す。

(1) 我 要 做 作业。
　　Wǒ yào zuò zuòyè.

※否定「…したくない」という場合は"不想"を使う。

(2) 她 不 想 去 医院。
　　Tā bù xiǎng qù yīyuàn.

※否定「…する必要がない」という場合は"不要"ではなく、"不用"を使う。

(3) 明天 他 不用 打工。
　　Míngtiān tā búyòng dǎgōng.

単語 [CD-123]

想 xiǎng	助動	…したい
什么 shénme	疑	何、どんな
面条 miàntiáo	名	めん（類）
炒饭 chǎofàn	名	チャーハン
谁 shéi	疑	誰
同学 tóngxué	名	同級生、…さん
要 yào	助動	…したい、…するつもりだ、…ねばならない
买 mǎi	動	買う
葡萄 pútao	名	ブドウ
苹果 píngguǒ	名	リンゴ
哪个 nǎge	疑	どれ、どの
大学 dàxué	名	大学
上海大学 Shànghǎi dàxué	名	上海大学
现在 xiànzài	名	今
动物园 dòngwùyuán	名	動物園
看 kàn	動	見る、読む
熊猫 xióngmāo	名	パンダ
还 hái	副	さらに
斑马 bānmǎ	名	シマウマ
那 nà	代	あれ、それ
书包 shūbāo	名	かばん
这个 zhège	代	これ、この
手机 shǒujī	名	携帯電話
日语 Rìyǔ	名	日本語
做 zuò	動	…する、…やる
作业 zuòyè	名	宿題
不用 búyòng	副	…する必要がない
医院 yīyuàn	名	病院
打工 dǎgōng	動	アルバイトをする

《 いろいろな都市 》 [CD-124]

1) 东京 Dōngjīng
2) 大阪 Dàbǎn
3) 京都 Jīngdū
4) 名古屋 Mínggǔwū
5) 福冈 Fúgāng
6) 北京 Běijīng
7) 大连 Dàlián
8) 重庆 Chóngqìng
9) 台北 Táiběi
10) 香港 Xiānggǎng
11) 纽约 Niǔyuē
12) 悉尼 Xīní

練習問題

A 《 ディクテーション 》 CD-125
語句や文を聞き取ってピンインを書きましょう。

(1) _____ shì _____?

(2) _____ yào _____.

(3) _____

(4) _____

B 《 対話の聞き取り 》 CD-126
中国語の問いを聞き、答えとして最も適当なものを、①〜④の中から選びましょう。

(1)
　　　① 　　　② 　　　③ 　　　④

(2)
　　　① 　　　② 　　　③ 　　　④

(3)
　　　① 　　　② 　　　③ 　　　④

(4)
　　　① 　　　② 　　　③ 　　　④

C 《 作文 》
次の文を中国語に訳しましょう。

(1) 私は北京に行きたい。

_____

(2) 彼らは明日学校に行かなければならない。

_____

(3) 彼女は誰ですか。

_____

(4) どれがあなたの教科書ですか。

_____

まとめの文章 1 （第1課〜第3課）

我 是 来自 京都 的 佐藤 由香，是 高中 三年级 的
Wǒ shì láizì Jīngdū de Zuǒténg Yóuxiāng, shì gāozhōng sān niánjí de

学生。我 学习 汉语。我 哥哥 和 姐姐 也 都 学习 汉语。
xuésheng. Wǒ xuéxí Hànyǔ. Wǒ gēge hé jiějie yě dōu xuéxí Hànyǔ.

明年 我 要 去 中国 留学。将来 我 想 当 汉语 老师，我 要
Míngnián wǒ yào qù Zhōngguó liúxué. Jiānglái wǒ xiǎng dāng Hànyǔ lǎoshī, wǒ yào

努力 学习 汉语。
nǔlì xuéxí Hànyǔ.

単語

佐藤 由香 [人名] 佐藤 由香
Zuǒténg Yóuxiāng

留学 [動] 留学する
liúxué

将来 [名] 将来
jiānglái

当 [動] …になる
dāng

努力 [形] 一生懸命である／頑張っている
nǔlì

《 いろいろな動詞＋名詞 》

　中国語には、日本語とは違う表現がたくさんあります。例えば、中国語の吃饭 chīfàn（ご飯を食べる）の「吃 chī」は、薬（药 yào）を飲む時の動詞にも使います。〜鸭蛋 〜yādàn という慣用句がありますが、直訳すると、アヒルの卵を食べるという意味になります。これはアヒルの卵が数字の0に似ていることから、「0点を取る」という意味になります。

　次に「打 dǎ」という動詞は、〜伞 〜sǎn（傘をさす）、〜电话 〜diànhuà（電話をかける）、〜扑克 〜pū kè（トランプをする）、〜招呼 〜zhāohu（挨拶する）、〜针 〜zhēn（注射する）、〜哈欠 〜hāqian（あくびをする）、〜折 〜zhé（割引きする）など色々な名詞と使うことができます。

　中国で「打折 dǎzhé」はお店のセール中、店頭や店内でその文字を見かけることができます。例えば、打8折と書いてあれば20％引き、打3折は70％というように表記されています。買い物する時は注意したいですね。

　最後に「倒 dào」の動詞は、〜垃圾 〜lājī（ゴミを捨てる）、〜茶 〜chá（お茶を注ぐ）、〜车 〜chē（バックで駐車する）と表現できます。同じ動詞で色々な表現ができるのは不思議ですね。1つの動詞が、どんな名詞と結びつくか見つけてみてください。

① **単語**：名詞　動詞　形容詞

名詞		28	Hànyǔ	56	niúnǎi	84	Yìdàlì
1	Āijí	29	hóngchá	57	Niǔyuē	85	Yìndù
2	Àodàlìyà	30	Jiānádà	58	péngyou	86	Yīngguó
3	Bāxī	31	jiānglái	59	píngguǒ	87	Zhōngguó
4	bàba	32	jiǎozi	60	píngguǒzhī	88	Zhōngguórén
5	Bǎishì kělè	33	jiějie	61	pútao	89	zuòyè
6	bānmǎ	34	Jīngdū	62	Pǔ'ěrchá	動詞	
7	Běijīng	35	kāfēi	63	rén	90	chī
8	chá	36	kèběn	64	Rìběn	91	dǎgōng
9	chǎofàn	37	Kěkǒu kělè	65	Rìběnrén	92	dāng
10	chéngzhī	38	kělè	66	Rìyǔ	93	hē
11	Chóngqìng	39	kuàngquánshuǐ	67	Shànghǎi dàxué	94	jiào
12	cídiǎn	40	lǎoshī	68	shǒujī	95	kàn
13	Dàbǎn	41	liúxuéshēng	69	shūbāo	96	lái
14	Dàlián	42	Lóngjǐngchá	70	Táiběi	97	láizì
15	dàxué	43	lǜchá	71	tóngxué	98	liúxué
16	dàxuéshēng	44	māma	72	wǒmen	99	mǎi
17	Déguó	45	Mǎláixīyà	73	wūlóngchá	100	qù
18	Dōngjīng	46	Měiguórén	74	Xiānggǎng	101	shì
19	dòngwùyuán	47	mèimei	75	Xīní	102	xìng
20	Éluósī	48	miànbāo	76	Xīnjiāpō	103	xuéxí
21	Fǎguó	49	miàntiáo	77	xiànzài	104	zǒu
22	Fēndá	50	Mínggǔwū	78	xióngmāo	105	zuò
23	Fúgāng	51	mǒchá	79	xuésheng	形容詞	
24	gāozhōng	52	mòlìhuāchá	80	xuéxiào	106	duì
25	gāozhōngshēng	53	nǎinai	81	Xuěbì	107	hǎo
26	gēge	54	nán péngyou	82	yéye	108	nǔlì
27	Hánguórén	55	niánjí	83	yīyuàn		

第4課 あなたはどこへ行きますか？

対話 CD-129

① A: 你 去 哪儿？
　　　Nǐ qù nǎr?

　 B: 我 去 东京。
　　　Wǒ qù Dōngjīng.

② A: 你 什么时候 去？
　　　Nǐ shénme shíhou qù?

　 B: 下 个 星期天 去。
　　　Xià ge xīngqītiān qù.

③ A: 我们 去 上海 迪斯尼 吧！
　　　Wǒmen qù Shànghǎi Dísīní ba!

　 B: 我们 应该 学好 汉语。
　　　Wǒmen yīnggāi xuéhǎo Hànyǔ.

④ A: 你 今天 干 什么？
　　　Nǐ jīntiān gàn shénme?

　 B: 我 得 做 作业。
　　　Wǒ děi zuò zuòyè.

短文 CD-130

我们 下 星期天 去 上海 迪斯尼乐园。去 上海 我们
Wǒmen xià xīngqītiān qù Shànghǎi Dísīní lèyuán. Qù Shànghǎi wǒmen

应该 学好 汉语！
yīnggāi xuéhǎo Hànyǔ!

文法

疑問詞 (2) "哪儿"、"什么时候"

疑問詞 "哪儿" は「どこ？」と尋ねる時、"什么时候" は「いつ？」と尋ねる時、聞きたい箇所に置き疑問文とする。

(1) 他 去 哪儿 ? ———— 他 去 中国 。
　　Tā qù nǎr ?　　　　　 Tā qù Zhōngguó.

(2) 学生们 去 哪儿 ? ———— 学生们 去 教室 。
　　Xuéshengmen qù nǎr ?　　 Xuéshengmen qù jiāoshì.

(3) 她 什么时候 去 ? ———— 她 明天 去 。
　　Tā shénme shíhou qù ?　　 Tā míngtiān qù.

(4) 爸爸 什么时候 回 家 ? ———— 爸爸 晚上 回 家 。
　　Bàba shénme shíhou huí jiā ?　　 Bàba wǎnshang huí jiā.

助動詞 (3) "应该"

「"应该"＋動詞」で「（当然）…しなければならない／…すべきである」を表す。

(1) 我们 应该 多 吃 蔬菜 。
　　Wǒmen yīnggāi duō chī shūcài.

(2) 明天 应该 早点儿 上学 。
　　Míngtiān yīnggāi zǎodiǎnr shàngxué.

助動詞 (4) "得"

「"得"＋動詞」で「…しなければならない」を表す。　※「"应该"」よりも口語的。

(1) 老师 得 上课 。
　　Lǎoshī děi shàngkè.

※否定（…する必要はない）は "不用" を使う。

(2) 他 明天 不用 做饭 。
　　Tā míngtiān búyòng zuòfàn.

単語　　　　　　　　　　　　　　　　　　　　　　CD-131

哪儿 nǎr	疑	どこ
什么时候 shénme shíhou	疑	いつ
下(个)星期天 xià (ge) xīngqītiān		来週日曜日
上海 Shànghǎi	名	上海
迪斯尼(乐园) Dísīní (lèyuán)	名	ディズニー（ランド）
应该 yīnggāi	助動	…しなければならない …べきである
学好 xuéhǎo	動	マスターする
干 gàn	動	する、やる
得 děi	助動	…しなければならない
们 men		…たち、…ら
教室 jiàoshì	名	教室
回 huí	動	帰る、戻る
家 jiā	名	家
多 duō	形	多い、たくさん
蔬菜 shūcài	名	野菜
早 zǎo	形	早い
(一)点儿 (yì)diǎnr		ちょっと、ほんの少し
上学 shàngxué	動	通学する、登校する
上课 shàngkè	動	授業を受ける／する
做饭 zuòfàn	動	食事を作る

コラム：中国語の勉強方法 2

　漢字を用いる中国語は、始めのうちは意味も理解しやすく取っつきやすい印象ですよね。しかし、発音が伝わらない、聞き取れない時期が誰にでも訪れます。そんなときは、プロの通訳者養成のトレーニング方法を試してみませんか。

①クイックレスポンス
　単語（慣れてきたら短文）が入っている音声を流し、聞こえてきた単語（短文）を即座に訳す。会話時の反応力、リスニング力向上に効果がある。

②シャドーイング
　流した音声に、シャドー（影）のようについていきながら発音する練習方法。聞きながら話すので、発音のブラッシュアップ、リスニング力向上の効果が得られる。ヘッドホンを使って練習し、慣れてきたら片方外したり、直接スピーカーから音声を流したりすると難易度が上がり、飽きずに練習することができる。

③リプロダクション
　記憶できる限界まで音声を流し、一時停止した後に同じ内容を復唱する。復唱する際、スマホの録音機能等を使って録音し、聞き直す。発音のブラッシュアップ、記憶保持力の向上、構文理解に効果が高い。ただし、負担も大きいので楽しいと思えなくなったら中止、しばらく時間を置いてから行うこと。

練習問題

A 《 ディクテーション 》 CD-132
語句や文を聞き取ってピンインを書きましょう。

(1) _____ qù?

(2) Wǒ _____ .

(3) _____

(4) _____

B 《 対話の聞き取り 》 CD-133
中国語の問いを聞き、答えとして最も適当なものを、①〜④の中から選びましょう。

(1)
　　① 　　　② 　　　③ 　　　④

(2)
　　① 　　　② 　　　③ 　　　④

(3)
　　① 　　　② 　　　③ 　　　④

(4)
　　① 　　　② 　　　③ 　　　④

C 《 作文 》
次の文を中国語に訳しましょう。

(1) 彼は今日授業を受けなくていい。
_____

(2) 私たちは宿題をしなければならない。
_____

(3) 私は日曜日に行くべきですか。
_____

(4) 父はいつ帰宅しますか。
_____

第5課 中国語を話せますか？

対話 CD-134

① A：你 会 说 中文 吗？
　　 Nǐ huì shuō Zhōngwén ma?

　 B：中文 课 刚 开始，现在 还 不 会 说。
　　 Zhōngwén kè gāng kāishǐ, xiànzài hái bú huì shuō.

② A：请问，这儿 能 不 能 换 钱？
　　 Qǐngwèn, zhèr néng bu néng huàn qián?

　 B：能，日元、美元、港币 都 能 换 人民币。
　　 Néng, Rìyuán、Měiyuán、Gǎngbì dōu néng huàn Rénmínbì.

③ A：那儿 可以 照相 吗？
　　 Nàr kěyǐ zhàoxiàng ma?

　 B：不 能 照相！不 能 进！
　　 Bù néng zhàoxiàng! Bù néng jìn!

④ A：你 父亲 在 哪儿 工作？
　　 Nǐ fùqin zài nǎr gōngzuò?

　 B：我 父亲 在 香港 工作，他 是 英语 老师。
　　 Wǒ fùqin zài Xiānggǎng gōngzuò, tā shì Yīngyǔ lǎoshī.

短文 CD-135

下午 我 在 图书馆 写 报告。那儿 不 能 喝 饮料，不
Xiàwǔ wǒ zài túshūguǎn xiě bàogào. Nàr bù néng hē yǐnliào, bù

能 吃 东西，不 能 打 电话。想 做 这些，应该 在 外面 做。
néng chī dōngxi, bù néng dǎ diànhuà. Xiǎng zuò zhèxiē, yīnggāi zài wàimian zuò.

↪ 場所を表す指示代詞は、単語のまとめ p.103と109以降参照。

文法

助動詞 (5) "会"、"能"、"可以"

助動詞 "会"、"能"、"可以" はいずれも「…できる」を表すが、"会" は習得、"能" は能力や条件、"可以" は許可に使う。助動詞は動詞の前に置く。なお、"可以" の否定はふつう "不能" を使い、単独で答える時には "不行" を使う。

(1) 我 会 开 车。
　　Wǒ huì kāi chē.

(2) 她 能 看 中文 报纸。
　　Tā néng kàn Zhōngwén bàozhǐ.

(3) 我 可以 参加 比赛 吗？——可以。／不 能 参加。（不行。）
　　Wǒ kěyǐ cānjiā bǐsài ma?　　Kěyǐ.　Bù néng cānjiā.　（Bùxíng.）

(4) 你 会 不 会 写 繁体字？
　　Nǐ huì bu huì xiě Fántǐzì?

介詞 (1) "在"

「"在" ＋場所」で「…で」という場所などを表す介詞フレーズ（句）となり、述語動詞の前に置かれる。否定はふつう介詞の前に副詞 "不" を置く。

(1) 他们 在 食堂 吃 午饭。
　　Tāmen zài shítáng chī wǔfàn.

(2) 姐姐 不 在 家 看 电影。
　　Jiějie bú zài jiā kàn diànyǐng.

(3) 你们 在 书店 买 杂志 吗？
　　Nǐmen zài shūdiàn mǎi zázhì ma?

(4) 这个 在 哪儿 卖？
　　Zhège zài nǎr mài?

(5) 他 想 在 什么 地方 画 画儿？
　　Tā xiǎng zài shénme dìfang huà huàr?

单语

会 huì	助動	（習得）…できる
说 shuō	動	話す、言う
中文 Zhōngwén	名	中国語
课 kè	名	授業
刚 gāng	副	先ほど、今しがた
开始 kāishǐ	動	始まる、始める
还 hái	副	まだ
请问 qǐngwèn		お尋ねします
这儿 zhèr	代	ここ
能 néng	助動	（能力・条件）…できる
换 huàn	動	交換する、替える
钱 qián	名	お金
日元 Rìyuán	名	日本円
美元 Měiyuán	名	アメリカドル
港币 Gǎngbì	名	香港ドル
人民币 Rénmínbì	名	人民元、RMB
那儿 nàr	代	あそこ、そこ
可以 kěyǐ	助動	（許可）…できる
照相 zhàoxiàng	動	写真を撮る
进 jìn	動	入る、進む
父亲 fùqin	名	父親
在 zài	介	…で
工作 gōngzuò	動	働く
英语 Yīngyǔ	名	英語
图书馆 túshūguǎn	名	図書館

写 xiě	動	書く
报告 bàogào	名	レポート
饮料 yǐnliào	名	飲み物、飲料
东西 dōngxi	名	物、品物、商品
打 dǎ	動	かける、する、打つ
电话 diànhuà	名	電話
这些 zhèxiē	代	これら
外面 wàimian	名	外、外側
开 kāi	動	運転する
（汽）车 (qì)chē	名	自動車
报纸 bàozhǐ	名	新聞
参加 cānjiā	動	参加する
比赛 bǐsài	名	試合、コンテスト
不行 bùxíng		いけません、ダメです
繁体字 Fántǐzì	名	繁体字
食堂 shítáng	名	食堂
午饭 wǔfàn	名	昼食、お昼ご飯
电影 diànyǐng	名	映画
书店 shūdiàn	名	書店、本屋
杂志 zázhì	名	雑誌
卖 mài	動	売る
地方 dìfang	名	場所、ところ
画 huà	動	描く
画儿 huàr	名	絵

練習問題

A 《 ディクテーション 》 CD-137
語句や文を聞き取ってピンインを書きましょう。

(1) Nǐ _____ shuō _____ ma?

(2) Wǒ _____ bàogào.

(3) _____

(4) _____

B 《 対話の聞き取り 》 CD-138
中国語の問いを聞き、答えとして最も適当なものを、①〜④の中から選びましょう。

(1)
  ①   ②   ③   ④

(2)
  ①   ②   ③   ④

(3)
  ①   ②   ③   ④

(4)
  ①   ②   ③   ④

C 《 作文 》
次の文を中国語に訳しましょう。

(1) 学生たちは繁体字を書けます。
_____

(2) お尋ねします、ここでは写真を撮ってもいいですか？
_____

(3) ここでは物を食べてはいけません。
_____

(4) 香港ドルはアメリカで使えません。
_____

第6課 あなたは今忙しいですか？

对话 CD-139

① A: 你 现在 忙 吗？
　　 Nǐ xiànzài máng ma?

　 B: 我 不 忙。
　　 Wǒ bù máng.

② A: 那个 好 不 好吃？
　　 Nàge hǎo bu hǎochī?

　 B: 那个 很 好吃。
　　 Nàge hěn hǎochī.

③ A: 你 跟 他 是 朋友 吗？
　　 Nǐ gēn tā shì péngyou ma?

　 B: 是。你们 认识 吗？
　　 Shì. Nǐmen rènshi ma?

④ A: 我 想 给 爸爸 买 生日 礼物。
　　 Wǒ xiǎng gěi bàba mǎi shēngrì lǐwù.

　 B: 星期六 我 跟 你 一起 去 百货 商店 吧。
　　 Xīngqīliù wǒ gēn nǐ yìqǐ qù bǎihuò shāngdiàn ba.

短文 CD-140

百货 商店 的 东西 都 很 好。下 个 星期一 我 想 跟
Bǎihuò shāngdiàn de dōngxi dōu hěn hǎo. Xià ge xīngqīyī wǒ xiǎng gēn
妹妹 一起 去 百货 商店，给 爸爸 买 生日 礼物。
mèimei yìqǐ qù bǎihuò shāngdiàn, gěi bàba mǎi shēngrì lǐwù.

文法

🔖 形容詞述語文

肯定文の語順は「主語＋程度を表す副詞＋形容詞」で、形容詞の前にふつうは程度を表す副詞 " **很** "、" **非常** " などが必要。これらを置かない場合、比較のニュアンスが生まれる。否定は形容詞の前に副詞 " **不** " を置く。疑問は文末に " **吗** " を置くか、「形容詞＋" **不** "＋形容詞」の反復疑問の形にする。

(1) 他 很 高。　　　（比較）香蕉 便宜，橘子 贵。
　　Tā hěn gāo.　　　　　 Xiāngjiāo piányi, júzi guì.

(2) 今天 不 凉快。
　　Jīntiān bù liángkuai.

(3) 西瓜 甜 吗?
　　Xīguā tián ma?

(4) 咖啡 好(喝) 不 好喝?
　　Kāfēi hǎo(hē) bu hǎo hē?

🔖 介詞 (2) " 跟 "

「" **跟** "＋ヒト」で「…と」という介詞フレーズとなり、述語動詞の前に置く。

(1) 弟弟 跟 她 去 图书馆。
　　Dìdi gēn tā qù túshūguǎn.

(2) 爸爸 不 跟 我们 去 公园。
　　Bàba bù gēn wǒmen qù gōngyuán.

(3) 我 想 跟 美国 留学生 聊天儿。
　　Wǒ xiǎng gēn Měiguó liúxuéshēng liáotiānr.

(4) 我 下午 跟 朋友 一起 吃饭。
　　Wǒ xiàwǔ gēn péngyou yìqǐ chīfàn.

🔖 介詞 (3) " 给 "

「" **给** "＋ヒト」で「…（のため）に」という介詞フレーズとなり、述語動詞の前に置く。

(1) 我 给 朋友 买 礼物。
　　Wǒ gěi péngyou mǎi lǐwù.

(2) 请 给 我 开 门。
　　Qǐng gěi wǒ kāi mén.

(3) 我 想 给 中国 朋友 写 信。
　　Wǒ xiǎng gěi Zhōngguó péngyou xiě xìn.

(4) 你 给 大家 做 一下 自我介绍 吧。
　　Nǐ gěi dàjiā zuò yíxià zìwǒ jièshào ba.

単語 CD-141

中文	品詞	意味
忙 máng	形	忙しい
那个 nàge	代	あれ、あの
好吃 hǎochī	形	（食べて）美味しい
很 hěn	副	とても
跟 gēn	介	…と
认识 rènshi	動	見知る、知っている
给 gěi	介	…（のため）に
生日 shēngrì	名	誕生日
礼物 lǐwù	名	プレゼント
一起 yìqǐ	副	一緒に
百货商店 bǎihuò shāngdiàn	名	百貨店
高 gāo	形	高い
香蕉 xiāngjiāo	名	バナナ
便宜 piányi	形	（値段が）安い
橘子 júzi	名	ミカン
贵 guì	形	（値段が）高い
凉快 liángkuai	形	涼しい
好喝 hǎohē	形	（飲んで）美味しい
西瓜 xīguā	名	スイカ
甜 tián	形	甘い
公园 gōngyuán	名	公園
美国 Měiguó	名	アメリカ
聊天儿 liáotiānr	動	おしゃべりをする
吃饭 chīfàn	動	食事する
请 qǐng	動	どうぞ…（してください）
开 kāi	動	開ける、開く、作動させる
门 mén	名	ドア
信 xìn	名	手紙
大家 dàjiā	代	みんな
一下 yíxià		ちょっと、少し
自我介绍 zìwǒ jièshào		自己紹介
超市 chāoshì	名	スーパーマーケット

《 いろいろな形容詞 》 CD-142

大 dà 大きい	小 xiǎo 小さい	多 duō 多い	少 shǎo 少ない	远 yuǎn 遠い	近 jìn 近い	贵 guì 高い	便宜 piányi 安い	高 gāo 高い	矮 ǎi （背が）低い
快 kuài 速い	慢 màn 遅い	早 zǎo 早い	晚 wǎn 遅い	长 cháng 長い	短 duǎn 短い	重 zhòng 重い	轻 qīng 軽い	胖 pàng 太っている	瘦 shòu 痩せている
热 rè 暑い	冷 lěng 寒い	暖和 nuǎnhuo 暖かい	凉快 liángkuai 涼しい	难 nán 難しい	简单 jiǎndān 簡単	漂亮 piàoliang きれい	可爱 kě'ài かわいい	帅 shuài かっこいい	酷 kù クール
高兴 gāoxìng 嬉しい	难过 nánguò 悲しい								

練習問題

A 《 ディクテーション 》 CD-143

語句や文を聞き取ってピンインを書きましょう。

(1) Kāfēi _____ .

(2) Zuótiān _____ .

(3) _____

(4) _____

B 《 対話の聞き取り 》 CD-144

中国語の問いを聞き、答えとして最も適当なものを、①〜④の中から選びましょう。

(1)
    ①   ②   ③   ④

(2)
    ①   ②   ③   ④

(3)
    ①   ②   ③   ④

(4)
    ①   ②   ③   ④

C 《 作文 》

次の文を中国語に訳しましょう。

(1) 今日は暖かい。

_____

(2) このミカンは美味しいですか。

_____

(3) 私は弟とスーパーマーケットに行きます。

_____

(4) 私はお母さんに手紙を書きます。

_____

まとめの文章2 (第4課〜第6課)

我 姐姐 現在 在 上海 工作。她 会 说 汉语。听说，她
Wǒ jiějie xiànzài zài Shànghǎi gōngzuò. Tā huì shuō Hànyǔ. Tīngshuō, tā

每天 下班 以后，都 看 汉语 小说，还 跟 中国 朋友 聊天儿，
měitiān xiàbān yǐhòu, dōu kàn Hànyǔ xiǎoshuō, hái gēn Zhōngguó péngyou liáotiānr,

所以 她 的 汉语 非常 流利。我 很 羡慕 她。我 还 不 太 会
suǒyǐ tā de Hànyǔ fēicháng liúlì. Wǒ hěn xiànmù tā. Wǒ hái bú tài huì

说 汉语，所以 我 每天 都 读 汉语 课本、听 中国 的 广播，
shuō Hànyǔ, suǒyǐ wǒ měitiān dōu dú Hànyǔ kèběn、tīng Zhōngguó de guǎngbō,

得 提高 汉语 水平。
děi tígāo Hànyǔ shuǐpíng.

単語

听说 tīngshuō	動	聞くところによると …だそうだ
下班 xiàbān	動	仕事を終える、退勤する
以后 yǐhòu	名	…の後、以後、以降
小说 xiǎoshuō	名	小説
所以 suǒyǐ	接	したがって、それで、だから
非常 fēicháng	副	非常に、たいへん
流利 liúlì	形	流暢である
羡慕 xiànmù	動	うらやましがる
不太… bú tài		あまり…ではない
读 dú	動	読む、読み上げる
听 tīng	動	聞く、聴く
广播 guǎngbō	名	（ラジオなどの）放送
提高 tígāo	動	向上させる／する
水平 shuǐpíng	名	水準、レベル

② **单語**：名詞　動詞　形容詞

名詞						
		29	Shànghǎi	57	kāi	85	jìn
1	bǎihuò shāngdiàn	30	shítáng	58	kāishǐ	86	kě'ài
2	bàogào	31	shūcài	59	liáotiānr	87	kù
3	bàozhǐ	32	shūdiàn	60	mài	88	kuài
4	bǐsài	33	shuǐpíng	61	qīng	89	lěng
5	chāoshì	34	túshūguǎn	62	shàngkè	90	liángkuai
6	Dísīní(lèyuán)	35	wàimian	63	shàngxué	91	liúlì
7	dìdi	36	wǔfàn	64	shuō	92	màn
8	dìfang	37	xīguā	65	tígāo	93	máng
9	diànyǐng	38	xià(ge)xīngqītiān	66	tīng	94	nán
10	dōngxi	39	xiāngjiāo	67	tīngshuō	95	nánguò
11	Fántǐzì	40	xiǎoshuō	68	xiàbān	96	nuǎnhuo
12	fùqin	41	xìn	69	xiànmù	97	pàng
13	gāngbǐ	42	yǐhòu	70	xiě	98	piányi
14	gōngyuán	43	yǐnliào	71	xuéhǎo	99	piàoliang
15	guǎngbō	44	Yīngyǔ	72	zhàoxiàng	100	qīng
16	huàr	45	zázhì	73	zuòfàn	101	rè
17	jiā	46	Zhōngwén	形容詞		102	shǎo
18	jiàoshì	動詞		74	ǎi	103	shòu
19	júzi	47	cānjiā	75	cháng	104	shuài
20	kè	48	chīfàn	76	dà	105	tián
21	lǐwù	49	dǎ	77	duǎn	106	wǎn
22	Měiguó	50	dú	78	duō	107	xiǎo
23	Měiyuán	51	gàn	79	gāo	108	yuǎn
24	mén	52	gōngzuò	80	gāoxìng	109	zǎo
25	(qì)chē	53	huà	81	guì	110	zhòng
26	qián	54	huàn	82	hǎochī		
27	Rénmínbì	55	huí	83	hǎohē		
28	Rìyuán	56	jìn	84	jiǎndān		

第7課 家から学校まで30分かかります

対話 CD-147

① A: 从 你 家 到 学校 要 多长 时间？
   Cóng nǐ jiā dào xuéxiào yào duōcháng shíjiān?

   B: 从 我 家 到 学校 要 三十 分钟。
   Cóng wǒ jiā dào xuéxiào yào sānshí fēnzhōng.

② A: 大学 离 便利店 远 吗？
   Dàxué lí biànlìdiàn yuǎn ma?

   B: 大学 离 便利店 不 太 远。
   Dàxué lí biànlìdiàn bú tài yuǎn.

③ A: 你 要 从 哪儿 出发？
   Nǐ yào cóng nǎr chūfā?

   B: 我 要 从 东京站 出发。
   Wǒ yào cóng Dōngjīngzhàn chūfā.

④ A: 你 想 去 哪儿 买 东西？
   Nǐ xiǎng qù nǎr mǎi dōngxi?

   B: 我 想 去 新宿 买 东西。
   Wǒ xiǎng qù Xīnsù mǎi dōngxi.

短文 CD-148

我 想 去 买 东西。后天 我 从 朋友 家 出发，去
Wǒ xiǎng qù mǎi dōngxi. Hòutiān wǒ cóng péngyou jiā chūfā, qù
王府井。她 家 离 王府井 很 近，半 个 小时 就 能 到。
Wángfǔjǐng. Tā jiā lí Wángfǔjǐng hěn jìn, bàn ge xiǎoshí jiù néng dào.

文法

🖐 時間量（時間の長さ）の表現

「どのくらいの時間…をする」という時、時間量（時間の長さ）の表現を動詞の後に置き、ふつうは「動詞＋時間量＋目的語」の順で表す。 ⇨時間量の表現は p.25「ウォーミングアップ2」を参照。

(1) 我 姐姐 每天 工作 八 个 小时。
　　Wǒ jiějie měitiān gōngzuò bā ge xiǎoshí.

(2) 他 每天 晚上 弹 二十 分钟 吉他。
　　Tā měitiān wǎnshang tán èrshí fēnzhōng jítā.

🖐 介詞 (4) "从"、"到"

"从～到…" で「～から…まで」という動作の起点と終点を表す介詞フレーズとなり、ふつう動詞の前に置かれる。時間や場所に使うことができる。

(1) 我们 从 上午 九 点 一刻 到 下午 四 点 三刻 上课。
　　Wǒmen cóng shàngwǔ jiǔ diǎn yíkè dào xiàwǔ sì diǎn sānkè shàngkè.

(2) 从 北京 到 东京 要 几 个 小时?
　　Cóng Běijīng dào Dōngjīng yào jǐ ge xiǎoshí?

🖐 介詞 (5) "离"

"离…" で「…まで」「…から」という距離を表す介詞フレーズとなる。基本は二点間の距離を表すので、述語に来るのは距離を表す形容詞 "近" や "远" が多い。また、時間の隔たりを表すこともできる。

(1) 他 家 离 公司 很 远。
　　Tā jiā lí gōngsī hěn yuǎn.

(2) 离 面试 还 有 五 天。
　　Lí miànshì hái yǒu wǔ tiān.

🖐 連動文

2つ以上の動詞で成り立つ文。動詞は動作が起こる順番に置く。

(1) 我 骑 自行车 去 学校。
　　Wǒ qí zìxíngchē qù xuéxiào.

※日本語で、「…しに行く（来る）」という文は、すべてこの文で表すことができる。

(2) 我 去 买 东西。　　(3) 他 来 学习。
　　Wǒ qù mǎi dōngxi.　　　 Tā lái xuéxí.

単語

从 cóng	介	…から		个小时 gexiǎoshí	名	…時間
到 dào	介	…まで		就 jiù	副	すぐに
要 yào	動	かかる、欲しい		到 dào	動	到着する、着く
多长 duōcháng	疑	どのくらい（の長さ）		弹 tán	動	弾く、演奏する
分(钟) fēn(zhōng)	名	…分（間）		吉他 jítā	名	ギター
离 lí	介	…まで、…から		北京 Běijīng	名	ペキン
便利店 biànlìdiàn	名	コンビニ（エンスストア）		公司 gōngsī	名	会社
出发 chūfā	動	出発する、出かける		面试 miànshì	名	面接
站 zhàn	名	…駅		有 yǒu	動	ある
新宿 Xīnsù	名	新宿		骑 qí	動	（二輪車や馬などに）乗る
王府井 Wángfǔjǐng	名	ワンフーチン		自行车 zìxíngchē	名	自転車

《 中国の祝日：节假日 jiéjiàrì 》

　中国は、太陽暦と太陰暦（旧暦）を両方用いているため、固定の祝日（太陽暦）と移動する祝日（太陰暦）の２つが共存します。

固定祝日
- 元　旦：元旦 Yuándàn（1/1）　日本同様、太陽暦における一年の始まりを祝う。
- 労働節：劳动节 Láodòngjié（5/1）　日本でいうメーデー（労働者の日）。
- 国慶節：国庆节 Guóqìngjié（10/1）　中華人民共和国の成立を祝う日。

移動祝日
- 春　節：春节 Chūnjié（旧暦正月）　中華圏の人にとっては元旦よりも重要。
- 清明節：清明节 Qīngmíngjié（清明の日）　二十四節気の１つ、春の到来を告げる「清明」に、お墓参りをする。
- 端午節：端午节 Duānwǔjié（旧暦5/5）　憂国の詩人「屈原」が川に身を投げた日。現在は日本と異なる祝い方をする。
- 中秋節：中秋节 Zhōngqiūjié（旧暦8/15）　中秋の名月を祝う日。月餅を食べる。

　固定祝日は国や国民のための祝日、移動祝日は季節の移り変わりを感じる祝日です。
固定祝日の中では国慶節、移動祝日の中では春節が、それぞれ大型連休（黄金周 huángjīnzhōu）になります。

練習問題

A 《 ディクテーション 》 CD-150

語句や文を聞き取ってピンインを書きましょう。

(1) _____

(2) _____

(3) _____

(4) _____

B 《 対話の聞き取り 》 CD-151

中国語の問いを聞き、答えとして最も適当なものを、①〜④の中から選びましょう。

(1)
  ①   ②   ③   ④

(2)
  ①   ②   ③   ④

(3)
  ①   ②   ③   ④

(4)
  ①   ②   ③   ④

C 《 作文 》

次の文を中国語に訳しましょう。

(1) 会社から駅まで5分です。

_____

(2) 家から学校は近いです。

_____

(3) 今日は午後1時半から午後5時まで授業を受けます。

_____

(4) 面接まであと3日です。

_____

第8課 教科書を持っていますか？

対話

① A：你 有 课本 吗？
　　　Nǐ yǒu kèběn ma?

　 B：我 现在 没有，她 有。
　　　Wǒ xiànzài méiyǒu, tā yǒu.

② A：你 有 几 本 书？
　　　Nǐ yǒu jǐ běn shū?

　 B：我 有 三 本 书。
　　　Wǒ yǒu sān běn shū.

③ A：你 有 多少 中国 朋友？
　　　Nǐ yǒu duōshao Zhōngguó péngyou?

　 B：我 有 四十 个 中国 朋友。
　　　Wǒ yǒu sìshí ge Zhōngguó péngyou.

④ A：他们 有 几 本 中文 小说？
　　　Tāmen yǒu jǐ běn Zhōngwén xiǎoshuō?

　 B：他们 有 两 本 中文 小说。
　　　Tāmen yǒu liǎng běn Zhōngwén xiǎoshuō.

短文

我 有 一 个 哥哥，他 现在 在 中国 学习 汉语。他 一共 有 一百 个 中国 朋友。
Wǒ yǒu yí ge gēge, tā xiànzài zài Zhōngguó xuéxí Hànyǔ. Tā yígòng yǒu yìbǎi ge Zhōngguó péngyou.

文法

🚩 所有を表す動詞 " 有 "

「主語＋" 有 "（＋目的語）」で「～は…を持つ／持っている」を表す。否定は " 没（有）" を使う。疑問は文末に " 吗 " を置くか、" 有没有… " または " 有…没有 " の形にする。

(1) 我 有 手机。
　　Wǒ yǒu shǒujī.

(2) 我 没（有）电脑。
　　Wǒ méi(yǒu) diànnǎo.

(3) 你 有 杂志 吗？ —— 有。／没有。
　　Nǐ yǒu zázhì ma? 　　　 Yǒu. Méiyǒu.

(4) 你 有 没有 词典？
　　Nǐ yǒu méiyǒu cídiǎn?

(5) 他 有 汽车 没有？
　　Tā yǒu qìchē méiyǒu?

🚩 量詞

助数詞「…個、…冊、…枚」に当たるものを中国語では量詞という。数を数える時は、「数詞＋量詞＋ヒト／モノ」の語順になる。「2つ」を数える時は " 二 " ではなく " 两 " を使う。

(1) 一 张 纸　　　　(4) 四 件 衣服
　　yì zhāng zhǐ 　　　sì jiàn yīfu

(2) 两 杯 茶　　　　(5) 五 碗 汤
　　liǎng bēi chá 　　　wǔ wǎn tāng

(3) 三 个 人　　　　(6) 六 把 椅子
　　sān ge rén 　　　　liù bǎ yǐzi

🚩 疑問詞 (3) " 几 "、" 多少 "

10以下の数を尋ねる時は " 几 " を使い、それ以上の時は " 多少 " を使う。語順は「" 几 " ＋量詞＋ヒト／モノ」、「" 多少 "（＋量詞）＋ヒト／モノ」となる。

(1) 你 有 几 本 书？
　　Nǐ yǒu jǐ běn shū?

(2) 这个 西瓜 几 块 钱？
　　Zhège xīguā jǐ kuài qián?

(3) 那个 房子 多少 钱？
　　Nàge fángzi duōshao qián?

単語

CD-154

有 yǒu	動 持っている、ある	杯 bēi	量 …杯（コップに入ったものを数える）
没有 méiyǒu	動 持っていない、ない	茶 chá	名 お茶
几 jǐ	疑 いくつ	件 jiàn	量 …着（衣類等を数える）
本 běn	量 …冊（書籍を数える）	衣服 yīfu	名 服
书 shū	名 本	碗 wǎn	量 …杯（お碗に入ったものを数える）
多少 duōshao	疑 どのくらい、どれだけ	汤 tāng	名 スープ
个 ge	量 …個、…人（もっとも広く使う量詞）	把 bǎ	量 …本（取っ手のあるものを数える）
一共 yígòng	副 全部で、合計で	椅子 yǐzi	名 椅子
电脑 diànnǎo	名 パソコン	块 kuài	量 …元（口語の通貨単位）
纸 zhǐ	名 紙	房子 fángzi	名 家、物件
张 zhāng	量 …枚（平面の目立つものを数える）		

コラム：中華街（中华街 Zhōnghuájiē）

　世界中に点在する中華街（チャイナタウン）。中国人の間では「唐人街（Tángrénjiē）」と呼ばれ、日本には三大中華街「長崎新地中華街」「神戸南京町」「横浜中華街」があります。

　長崎新地中華街で最も有名なのは「長崎ランタンフェスティバル」です。そこに住む華僑（华侨 huáqiáo）たちが春節（旧暦1/1～15）のお祝いに始めたものが、いつしか長崎県の名物となり、期間中は県内広域でランタンを見られるようになりました。神戸南京町では、「端午節（端午节 Duānwǔjié）」や「中秋節（中秋节 Zhōngqiūjié）」、そして最大のお祭り「春節（春节 Chūnjié）」に獅子や龍が舞います。横浜中華街では「双十節（双十节 Shuāngshíjié）」と「国慶節（国庆节 Guóqìngjié）」が最も盛大にお祝いされます。

　「双十節」とは1911年10月10日に中華民国の建国のきっかけとなる「辛亥革命（辛亥革命 Xīnhài gémìng）」が勃発した日を祝う祝日です。「国慶節」とは1949年10月1日に建国された中華人民共和国の成立を祝う祝日です。中国各地や少数民族の衣装を身にまとった地元住民や民族舞踊、獅子舞、龍舞などが中華街で「パレード（游行 yóuxíng）」を行います。皆さんも中国の祝日には中華街へ赴き、疑似留学体験をしてみませんか。

練習問題

A 《 ディクテーション 》 CD-155
語句や文を聞き取ってピンインを書きましょう。

(1) _____

(2) _____

(3) _____

(4) _____

B 《 対話の聞き取り 》 CD-156
中国語の問いを聞き、答えとして最も適当なものを、①〜④の中から選びましょう。

(1)
　　① 　　　　② 　　　　③ 　　　　④

(2)
　　① 　　　　② 　　　　③ 　　　　④

(3)
　　① 　　　　② 　　　　③ 　　　　④

(4)
　　① 　　　　② 　　　　③ 　　　　④

C 《 作文 》
次の文を中国語に訳しましょう。

(1) 私の友だちは本を２冊持っています。

_____

(2) あなたはパソコンを持っていますか。("有没有"を用いて)

_____

(3) 彼女は携帯電話を持っていません。

_____

(4) このリンゴはいくらですか。

_____

第9課 駅へはどのように行きますか？

対話 CD-157

① A：请问，去 车站 怎么 走？
　　　Qǐngwèn, qù chēzhàn zěnme zǒu?

　B：一直 往 前 走 七十 米，左边 就 是。
　　　Yìzhí wǎng qián zǒu qīshí mǐ, zuǒbian jiù shì.

② A：邮局 在 哪儿？
　　　Yóujú zài nǎr?

　B：邮局 在 银行 后边。
　　　Yóujú zài yínháng hòubian.

③ A：这儿 附近 有 书店 吗？
　　　Zhèr fùjìn yǒu shūdiàn ma?

　B：有，那边儿 有 一 家 书店。
　　　Yǒu, nàbiānr yǒu yī jiā shūdiàn.

④ A：你 书包里 有 什么？
　　　Nǐ shūbāoli yǒu shénme?

　B：我 书包里 有 手机、课本 和 本子。
　　　Wǒ shūbāoli yǒu shǒujī, kèběn hé běnzi.

短文 CD-158

我 家 附近 很 方便，有 车站、超市、邮局 和 学校。
Wǒ jiā fùjìn hěn fāngbiàn, yǒu chēzhàn, chāoshì, yóujú hé xuéxiào.

车站 在 我 家 北边，超市 在 车站 东边，车站 旁边 还
Chēzhàn zài wǒ jiā běibian, chāoshì zài chēzhàn dōngbian, chēzhàn pángbiān hái

有 邮局 和 学校。
yǒu yóujú hé xuéxiào.

文法

所在を表す動詞 "在"

動詞 "在" は「～は…にいる／ある」の意味で、"在" の後には場所を表す語を置く。

(1) 饭店 在 停车场 前边。
Fàndiàn zài tíngchēchǎng qiánbian.

(2) 晚上 姐姐 不 在 家。
Wǎnshang jiějie bú zài jiā.

(3) 上午 老师 在 学校 吗?
Shàngwǔ lǎoshī zài xuéxiào ma?

(4) 今天 的 报纸 在 哪儿?
Jīntiān de bàozhǐ zài nǎr?

☞ 方角を表す方位詞は、単語のまとめ p.104 参照。

存在を表す動詞 "有"

動詞 "有" は「～には…がある／いる」の意味で、"有" の前に場所を表す語を置く。否定には "没(有)" を使い、疑問は文末に "吗" を置くか、"有没有…" または "有…没有" の形にする。

(1) 桌子上 有 三 本 书。
Zhuōzishang yǒu sān běn shū.

(2) 这儿 没有 沙发。
Zhèr méiyǒu shāfā.

(3) 教室里 有 电视 吗?
Jiàoshìli yǒu diànshì ma?

(4) 你 的 房间里 有 没有 桌子 和 椅子?
Nǐ de fángjiānli yǒu méiyǒu zhuōzi hé yǐzi?

(5) 你 家里 有 电脑 没有?
Nǐ jiāli yǒu diànnǎo méiyǒu?

(6) 你们 班 有 多少 个 学生?
Nǐmen bān yǒu duōshao ge xuésheng?

疑問詞 (4) "怎么"

疑問詞 "怎么" は「なぜ、どうして」「どう、どのように」の意味で、原因や動作の方法を尋ねる時に使う。

(1) 你 怎么 不 去?
Nǐ zěnme bú qù?

(2) 他 怎么 会 知道?
Tā zěnme huì zhīdao?

(3) 这个 字 怎么 念?
Zhège zì zěnme niàn?

(4) 在 车站 怎么 买 车票?
Zài chēzhàn zěnme mǎi chēpiào.

単語

中国語	品詞	日本語
车站 chēzhàn	名	駅
怎么 zěnme	疑	なぜ、どうして、どのように
一直 yìzhí	副	まっすぐに、ずっと
往 wǎng	介	…に向かって
前 qián	名	前
米 mǐ	量	メートル
左边 zuǒbian	名	左側
邮局 yóujú	名	郵便局
在 zài	動	〜は…にいる／ある
银行 yínháng	名	銀行
后边 hòubian	名	後ろ、後ろの方
附近 fùjìn	名	付近、近く
那边儿 nàbiānr	代	あちら、あそこ
有 yǒu	動	〜には…がある／いる
家 jiā	量	…軒（店や家などを数える）
里 li	名	…の中
本子 běnzi	名	ノート
方便 fāngbiàn	形	便利である
北边 běibian	名	北、北側
东边 dōngbian	名	東、東側
旁边 pángbiān	名	そば
饭店 fàndiàn	名	ホテル
停车场 tíngchēchǎng	名	駐車場
前边 qiánbian	名	前、前の方
桌子 zhuōzi	名	机、テーブル
上 shang	名	…の上
沙发 shāfā	名	ソファ
电视 diànshì	名	テレビ
房间 fángjiān	名	部屋
班 bān	名	クラス
会 huì	助動	…はず、…だろう
知道 zhīdao	動	知っている
念 niàn	動	（声に出して）読む
字 zì	名	字
车票 chēpiào	名	切符
名字 míngzi	名	名前
用 yòng	動	用いる、使う

CD-159

練習問題

A 《 ディクテーション 》 CD-160
語句や文を聞き取ってピンインを書きましょう。

(1) _____

(2) _____

(3) _____

(4) _____

B 《 対話の聞き取り 》 CD-161
中国語の問いを聞き、答えとして最も適当なものを、①~④の中から選びましょう。

(1)
　　　① 　　　② 　　　③ 　　　④

(2)
　　　① 　　　② 　　　③ 　　　④

(3)
　　　① 　　　② 　　　③ 　　　④

(4)
　　　① 　　　② 　　　③ 　　　④

C 《 作文 》
次の文を中国語に訳しましょう。

(1) 明日あなたは家にいますか。
_____

(2) 駅はどこにありますか。
_____

(3) 学校のそばには公園がありません。
_____

(4) このパソコンはどうやって使いますか。
_____

まとめの文章 3 (第7課～第9課)

我 住在 东京。这 是 我 家 附近 的 地图。我 家 东边
Wǒ zhùzài Dōngjīng. Zhè shì wǒ jiā fùjìn de dìtú. Wǒ jiā dōngbian

有 学校 和 公园，南边 有 车站。邮局、银行、超市 等 都 在
yǒu xuéxiào hé gōngyuán, nánbian yǒu chēzhàn. Yóujú、yínháng、chāoshì děng dōu zài

车站 附近。从 我 家 到 车站 骑 自行车 只 要 五 分钟，很
chēzhàn fùjìn. Cóng wǒ jiā dào chēzhàn qí zìxíngchē zhǐ yào wǔ fēnzhōng, hěn

方便。车站 前边 有 两 个 超市，我 经常 去 银行 旁边
fāngbiàn. Chēzhàn qiánbian yǒu liǎng ge chāoshì, wǒ jīngcháng qù yínháng pángbiān

的 超市。我 家 离 学校 也 很 近。同学们 有 机会，来 我 家
de chāoshì. Wǒ jiā lí xuéxiào yě hěn jìn. Tóngxuémen yǒu jīhuì, lái wǒ jiā

玩儿 吧！
wánr ba!

単語

住 zhù	動	住む
地图 dìtú	名	地図
南边 nánbian	名	南、南の方
等 děng	助	など
只 zhǐ	副	ただ…だけ
经常 jīngcháng	副	いつも、よく
机会 jīhuì	名	機会、チャンス
玩(儿) wán(r)	動	遊ぶ

③ **単語**：名詞　動詞　形容詞

名詞		17	gōngsī	34	xiǎoshí	50	niàn
1	bān	18	hòubian	35	Xīnsù	51	qí
2	běibian	19	jīhuì	36	yīfu	52	tán
3	Běijīng	20	jítā	37	yínháng	53	wánr
4	běnzi	21	lǐ	38	yǐzi	54	yào yòng
5	biànlìdiàn	22	miànshì	39	yóujú	55	yǒu
6	chá	23	míngzi	40	zhàn	56	zài
7	chēzhàn	24	nánbian	41	zhǐ	57	zhīdao
8	diànnǎo	25	pángbiān	42	Zhōngguó	58	zhù
9	diànshì	26	qián	43	zhuōzi	形容詞	
10	dìtú	27	qiánbian	44	zì	59	fāngbiàn
11	dōngbian	28	shāfā	45	zìxíngchē		
12	fàndiàn	29	shang	46	zuǒbian		
13	fángjiān	30	shū	動詞			
14	fángzi	31	tāng	47	chūfā		
15	fēn（zhōng）	32	tíngchēchǎng	48	dào		
16	fùjìn	33	Wángfǔjǐng	49	méi（yǒu）		

10課 ご飯を食べましたか？

対話

① A: 你 吃饭 了 吗？
　　 Nǐ chīfàn le ma?

　 B: 我 还 没有 吃饭。
　　 Wǒ hái méiyǒu chīfàn.

② A: 我 吃了 三 碗 米饭。
　　 Wǒ chīle sān wǎn mǐfàn.

　 B: 你 吃了 这么 多 啊！
　　 Nǐ chīle zhème duō a!

③ A: 你 坐了 几 个 小时 飞机？
　　 Nǐ zuòle jǐ ge xiǎoshí fēijī?

　 B: 我 坐了 五 个 小时。
　　 Wǒ zuòle wǔ ge xiǎoshí.

④ A: 我 以前 不 喜欢 喝 咖啡，现在 喜欢 了。
　　 Wǒ yǐqián bù xǐhuan hē kāfēi, xiànzài xǐhuan le.

　 B: 我 不 喜欢。咖啡 的 味道 太 苦 了。
　　 Wǒ bù xǐhuan. Kāfēi de wèidao tài kǔ le.

短文

我 的 爱好 是 看 书。这个 月 我 看了 四 本 小说。
Wǒ de àihào shì kàn shū. Zhège yuè wǒ kànle sì běn xiǎoshuō.

我 每天 在 图书馆 看 一 个 小时 书。我 想 毕业 之前
Wǒ měitiān zài túshūguǎn kàn yí ge xiǎoshí shū. Wǒ xiǎng bìyè zhīqián

看 两百 本 书。
kàn liǎngbǎi běn shū.

文法

文末の"了"と動詞の後の"了"

文末に"了"を置くと、「…になった」という変化を表す。動詞の後に"了"を置くと、動作の完了を表す。この場合、目的語の前には、ふつう数量や時間量の表現などが置かれる。

(1) 现在 电脑 便宜 了。
　　Xiànzài diànnǎo piányi　 le.

(2) 我 饿 了。
　　Wǒ　è 　le.

(3) 他 去 中国 留学 了。
　　Tā　qù　Zhōngguó liúxué　le.

(4) 我 昨天 才 买了 一 把 雨伞。
　　Wǒ zuótiān cái mǎile yì bǎ yǔsǎn.

(5) 今天 我 看了 九 个 小时 电视。
　　Jīntiān wǒ kànle jiǔ ge xiǎoshí diànshì.

※変化や完了の否定「…していない」「…しなかった」は、動詞の前に"没（有）"を置く。"了"は不要。

(6) 他 没 来 学校。
　　Tā méi lái xuéxiào.

※疑問は文末に"吗"や"没有"などを置く。

(7) 你 吃饭 了 吗?
　　Nǐ chīfàn le ma?

(8) 你 吃饭 了 没有?
　　Nǐ chīfàn le méiyǒu?

单语

中文	品詞	意味
了 le	助	文末に置き、変化を表す
没（有） méi(yǒu)	副	…していない …しなかった
了 le	助	動詞の後に置き、完了を表す
米饭 mǐfàn	名	ご飯、ライス
这么 zhème	代	こんなに
啊 a	助	文末に置き、感嘆を表す
坐 zuò	動	乗る、座る
飞机 fēijī	名	飛行機
以前 yǐqián	名	以前
喜欢 xǐhuan	動	好き、好む
味道 wèidao	名	味
太 tài	副	あまりにも…すぎる
苦 kǔ	形	苦い
爱好 àihào	名	趣味
毕业 bìyè	動	卒業する
之前 zhīqián	名	…の前
饿 è	形	お腹がすいている
才 cái	副	ようやく、やっと
雨伞 yǔsǎn	名	傘

《 いろいろな会社・お店 》 CD-167

1) 三得利 Sāndélì
2) 朝日 Zhāorì
3) 佳能 Jiānéng
4) 麦当劳 Màidāngláo
5) 全家 Quánjiā
6) 本田 Běntián
7) 阿迪达斯 Ādídásī
8) 优衣库 Yōuyīkù
9) 索尼 Suǒní
10) 丰田 Fēngtián
11) 肯德基 Kěndéjī
12) 世嘉 Shìjiā

練習問題

A 《 ディクテーション 》 CD-168
語句や文を聞き取ってピンインを書きましょう。

(1) _____

(2) _____

(3) _____

(4) _____

B 《 対話の聞き取り 》 CD-169
中国語の問いを聞き、答えとして最も適当なものを、①～④の中から選びましょう。

(1)
　　　① 　　　　　② 　　　　　③ 　　　　　④

(2)
　　　① 　　　　　② 　　　　　③ 　　　　　④

(3)
　　　① 　　　　　② 　　　　　③ 　　　　　④

(4)
　　　① 　　　　　② 　　　　　③ 　　　　　④

C 《 作文 》
次の文を中国語に訳しましょう。

(1) あなたはプレゼントを買いましたか？

_____

(2) 彼はパンを2個食べました。

_____

(3) 昨日彼女は図書館に行きませんでした。

_____

(4) 私は3時間飛行機に乗りました。

_____

11課 中国に行ったことがありますか？

対話

① A：你 去过 中国 吗？
　　Nǐ qùguo Zhōngguó ma?

　B：我 没 去过 中国，你 呢？
　　Wǒ méi qùguo Zhōngguó, nǐ ne?

　A：我 也 没 去过，很 想 去。
　　Wǒ yě méi qùguo, hěn xiǎng qù.

② A：您 去过 几 次 长城？
　　Nín qùguo jǐ cì Chángchéng?

　B：我 去过 三 次 长城。
　　Wǒ qùguo sān cì Chángchéng.

③ A：这个 游戏，你 玩儿过 吗？
　　Zhège yóuxì, nǐ wánrguo ma?

　B：这个 游戏，我 玩儿过 两 三 次。你 呢？
　　Zhège yóuxì, wǒ wánrguo liǎng sān cì. Nǐ ne?

　A：我 玩儿过 好 几 次！
　　Wǒ wánrguo hǎo jǐ cì!

短文

我 朋友 问 我："我 想 去 北京，你 去过 吗？" 我 回答：
Wǒ péngyou wèn wǒ: "Wǒ xiǎng qù Běijīng, nǐ qùguo ma?" Wǒ huídá:

"去过 两 次，你 呢？" 他 说："我 没 去过。那么，暑假
"Qùguo liǎng cì, nǐ ne?" Tā shuō: "Wǒ méi qùguo. Nàme, shǔjià

咱们 一起 去 北京，怎么样？" 我 回答："好 主意！我 给
zánmen yìqǐ qù Běijīng, zěnmeyàng?" Wǒ huídá: "Hǎo zhǔyi! Wǒ gěi

你 做 导游！"
nǐ zuò dǎoyóu!"

文法

🚩 経験を表す"过"

「動詞＋"过"」で「…したことがある」という経験を表す。否定は"不"ではなく"没(有)"を使い、疑問は文末に"吗"または"没有"を置く。

(1) 我 去过 东京。
　　Wǒ qùguo Dōngjīng.

(2) 我 没有 看过 那 部 电影。
　　Wǒ méiyǒu kànguo nà bù diànyǐng.

(3) 你 去过 台湾 吗？
　　Nǐ qùguo Táiwān ma?

(4) 你 喝过 珍珠奶茶 没有？
　　Nǐ hēguo Zhēnzhū nǎichá méiyǒu?

🚩 回数表現

「(…を) n 回する」と言う時、ふつう回数を動作の後ろに置き、「動詞＋n 回（＋目的語）」の順で表す。回数を表す表現には、"次"（回、度）、"遍"（一通り）、"顿"（食事などの回数）などがある。

(1) 他 来过 一 次 我 家。
　　Tā láiguo yí cì wǒ jiā.

(2) 请 再 说 一 遍。
　　Qǐng zài shuō yí biàn.

(3) 我 吃了 三 顿 饭。
　　Wǒ chīle sān dùn fàn.

🚩 省略疑問文 "…呢？"

「あなたは？」「お母さんは？」のように、後の質問内容が分かっている時、日本語では「…は？」で疑問を省略することがあるが、中国語では、"…呢？"と言う。

(1) 我 看过 那 本 书，你 呢？
　　Wǒ kànguo nà běn shū, nǐ ne?

(2) 爸爸 去 香港，妈妈 呢？
　　Bàba qù Xiānggǎng, māma ne?

単語

CD-172

过 guò	助	…したことがある
呢 ne	助	…は？
次 cì	量	…回
长城 Chángchéng	名	（万里の）長城
游戏 yóuxì	名	ゲーム
好几次 hǎo jǐ cì		何回も
问 wèn	動	尋ねる、質問する
回答 huídá	動	答える
那么 nàme	接	それでは
暑假 shǔjià	名	夏休み
怎么样 zěnmeyàng	疑	どうですか
主意 zhǔyi	名	考え、知恵、アイディア
导游 dǎoyóu	名	ガイド
台湾 Táiwān	名	台湾
部 bù	量	（映画を数える）
珍珠奶茶 Zhēnzhū nǎichá	名	タピオカミルクティー
再 zài	副	また、再び
遍 biàn	量	…回（一通り）
顿 dùn	量	…食（食事の回数を数える）
饭 fàn	名	ご飯
香港 Xiānggǎng	名	香港
麻婆豆腐 mápó dòufu	名	麻婆豆腐

コラム：中国将棋（象棋 xiàngqí）

　近年、大学に限らず高校でも盛んに海外の学校と交流が行われています。学生間の交流は身につけた語学力を試す絶好の機会ですが、学習を始めたばかりの頃は話せる内容が限られ、貴重な交流時間を有意義に生かせないことも多々あります。

　そんな時は言語外のツールで交流を図ってみましょう。"象棋"は世界で5億人の愛好者を誇り、競技人口が最も多い盤上遊戯の1つです。そのルールと駒の動かし方は日本の将棋と似ているところもあれば違うところもあります。

　日中両国は言語、習慣、文化で多くの類似点があります。言語の学習は文化の学習でもあります。言語と同時に様々な文化に対しても理解を深めていきたいですね。

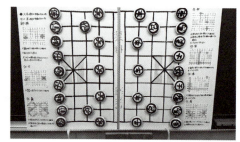

＊写真提供：
国本女子中学校高等学校

練習問題

A 《 ディクテーション 》 CD-173

語句や文を聞き取ってピンインを書きましょう。

(1) _____

(2) _____

(3) _____

(4) _____

B 《 対話の聞き取り 》 CD-174

中国語の問いを聞き、答えとして最も適当なものを、①〜④の中から選びましょう。

(1)
　　① 　　　② 　　　③ 　　　④

(2)
　　① 　　　② 　　　③ 　　　④

(3)
　　① 　　　② 　　　③ 　　　④

(4)
　　① 　　　② 　　　③ 　　　④

C 《 作文 》

次の文を中国語に訳しましょう。

(1) あなたは中国の麻婆豆腐を食べたことありますか？

_____

(2) 私は中国には2回行ったことがあります。

_____

(3) 私は家に帰りますが、あなたは？

_____

(4) 彼はまだあの本を読んだことがありません。

_____

12课 台風が接近中です

对话

① A：昨天 晚上 他 一直 等着 你。
　　　Zuótiān wǎnshang tā yìzhí děngzhe nǐ.

　 B：我 以前 跟 他 说过 昨天 我 有 事。
　　　Wǒ yǐqián gēn tā shuōguo zuótiān wǒ yǒu shì.

② A：他们 先 走 了！我们 也 快点儿 出发 吧！
　　　Tāmen xiān zǒu le! Wǒmen yě kuàidiānr chūfā ba!

　 B：请 等 一下。窗户 还 开着 呢。
　　　Qǐng děng yíxià. Chuānghu hái kāizhe ne.

③ A：中国 经济 正在 增长。
　　　Zhōngguó jīngjì zhèngzài zēngzhǎng.

　 B：听说 二〇五〇年 中国 经济 将 在 世界上 排名 第 一。
　　　Tīngshuō èr líng wǔ líng nián Zhōngguó jīngjì jiāng zài shìjièshang páimíng dì yī.

④ A：喂，你 现在 在 做 什么 呢？有 空 吗？
　　　Wèi, nǐ xiànzài zài zuò shénme ne? Yǒu kòng ma?

　 B：我 正在 准备 考试 呢。现在 没有 时间。
　　　Wǒ zhèngzài zhǔnbèi kǎoshì ne. Xiànzài méiyǒu shíjiān.

短文

上 个 星期 同学们 去 冲绳 旅游 了。但是 天气 预报
Shàng ge xīngqī tóngxuémen qù Chōngshéng lǚyóu le. Dànshì tiānqì yùbào

说，台风 正在 接近 台湾，东京 现在 也 下着 大雨。我
shuō, táifēng zhèngzài jiējìn Táiwān, Dōngjīng xiànzài yě xiàzhe dàyǔ. Wǒ

非常 担心 他们。
fēicháng dānxīn tāmen.

文法

🚩 持続を表す"着"
アスペクト助詞"着"は動詞の後に置き、動作や状態の継続・持続を表す。

(1) 桌子上 放着 菜单。
　　Zhuōzishang fàngzhe càidān.

(2) 外面 刮着 大风。
　　Wàimian guāzhe dàfēng.

(3) 墙上 挂着 日本 地图 吗?
　　Qiángshang guàzhe Rìběn dìtú ma?

(4) 你 拿着 什么?
　　Nǐ názhe shénme?

🚩 進行を表す"正在…(呢)"
"正在…(呢)"で「(ちょうど)…しているところ/…(の最)中」という動作の進行を表す。助詞"呢"は省略されることもある。このほか、"正…呢"、"在…(呢)"という形もある。"正"を使う場合は、ふつう"呢"が必要。さらに文末に"呢"を置くだけでも同じ意味を表す。

(1) 孩子们 正在 睡觉 (呢)。
　　Háizimen zhèngzài shuìjiào (ne).

(2) 老师 正 弹 钢琴 呢。
　　Lǎoshī zhèng tán gāngqín ne.

(3) 爷爷 在 住院 (呢)。
　　Yéye zài zhùyuàn (ne).

(4) 她 做 什么 呢?
　　Tā zuò shénme ne?

(5) 弟弟 正在 洗澡 吗? —— 对。
　　Dìdi zhèngzài xǐzǎo ma?　　Duì.

(6) 爸爸 在 上班 吗? —— 没有。
　　Bàba zài shàngbān ma?　　Méiyǒu.

単語

等 děng	動	待つ
着 zhe	助	…している
事 shì	名	事、事情、用事
先 xiān	副	先に、まず
快 kuài	形	速い
窗户 chuānghu	名	窓
经济 jīngjì	名	経済
正在 zhèngzài	副	(ちょうど)…しているところ、…(の最)中
增长 zēngzhǎng	動	高まる、増大する
将 jiāng	副	きっと…になるだろう
世界 shìjiè	名	世界
排名 páimíng	動	(順位に)名を連ねる
第… dì…		第…、…番目
喂 wèi	感嘆	もしもし、ねえ
空 kòng	名	暇
准备 zhǔnbèi	動	準備する、支度する
考试 kǎoshì	名	試験
时间 shíjiān	名	時間
冲绳 Chōngshéng	名	沖縄
旅游 lǚyóu	動	旅行(する)
但是 dànshì	接	しかし、だけど、でも

天气 tiānqì	名	天気
预报 yùbào	名	予報
台风 táifēng	名	台風
接近 jiējìn	動	近づく、接近する
下 xià	動	降る、降りる
大雨 dàyǔ	名	大雨
担心 dānxīn	動	心配する
放 fàng	動	置く、入れる
菜单 càidān	名	メニュー、お品書き
刮 guā	動	吹く
大风 dàfēng	名	強風
墙 qiáng	名	壁
挂 guà	動	かかる、かける
拿 ná	動	持つ
睡觉 shuìjiào	動	寝る
钢琴 gāngqín	名	ピアノ
住院 zhùyuàn	動	入院する
洗澡 xǐzǎo	動	お風呂に入る
上班 shàngbān	動	出勤する
休息 xiūxi	動	休憩する

練習問題

A 《 ディクテーション 》 CD-178
語句や文を聞き取ってピンインを書きましょう。

(1) _____

(2) _____

(3) _____

(4) _____

B 《 対話の聞き取り 》 CD-179
中国語の問いを聞き、答えとして最も適当なものを、①〜④の中から選びましょう。

(1)
　　① 　　　　② 　　　　③ 　　　　④

(2)
　　① 　　　　② 　　　　③ 　　　　④

(3)
　　① 　　　　② 　　　　③ 　　　　④

(4)
　　① 　　　　② 　　　　③ 　　　　④

C 《 作文 》
次の文を中国語に訳しましょう。

(1) 彼女は地図を持っている。
_____

(2) 彼は何を弾いていますか？
_____

(3) 祖父は出勤中です。("在"を用いて)
_____

(4) 彼女はご飯を作っているところです。
_____

まとめの文章4 （第10課～第12課）

我 已经 学习了 半年 汉语，会 说 一点儿 汉语 了，但是
Wǒ yǐjīng xuéxíle bànnián Hànyǔ, huì shuō yìdiǎnr Hànyǔ le, dànshì

听力 很 差。去年 寒假，我 去过 一 次 北京，那时 我 什么
tīnglì hěn chà. Qùnián hánjià, wǒ qùguo yí cì Běijīng, nàshí wǒ shénme

也 听不懂，我 很 沮丧。我 决心 更加 努力 学习 汉语，我
yě tīngbudǒng, wǒ hěn jǔsàng. Wǒ juéxīn gèngjiā nǔlì xuéxí Hànyǔ, wǒ

房间 的 墙上 贴着 "不 放弃" 三 个 字。现在 我 正在 努力
fángjiān de qiángshang tiēzhe "bú fàngqì" sān ge zì. Xiànzài wǒ zhèngzài nǔlì

提高 听力 呢。我 的 方法 是 看 中国 电影。大家 也 可以
tígāo tīnglì ne. Wǒ de fāngfǎ shì kàn Zhōngguó diànyǐng. Dàjiā yě kěyǐ

尝试 一下。
chángshì yíxià.

単語

半年 bànnián	名	半年
听力 tīnglì	名	リスニング力
差 chà	形	劣っている
寒假 hánjià	名	冬休み
那时 nàshí		あの時、その時
听不懂 tīngbudǒng		（聞いて）わからない
沮丧 jǔsàng	形	がっかりする
决心 juéxīn	動	決意する、決心する
更加 gèngjiā	副	ますます
贴 tiē	動	貼る
放弃 fàngqì	動	断念する、諦める
方法 fāngfǎ	名	方法、手段
尝试 chángshì	動	試す

④ **単語**：名詞　動詞　形容詞

名詞					
		21	Kěndéjī	42	Yōuyīkù
1	Ādídásī	22	kòng	43	yùbào
2	àihào	23	Màidāngláo	44	yǔsǎn
3	bànnián	24	mápó dòufu	45	Zhāorì
4	Běntián	25	mǐfàn	46	Zhēnzhū nǎichá
5	càidān	26	qiáng	47	zhīqián
6	Chángchéng	27	Quánjiā	48	zhǔyi
7	Chōngshéng	28	Sāndélì		動詞
8	chuānghu	29	shì	49	bìyè
9	dàfēng	30	Shìjiā	50	chángshì
10	dàyǔ	31	shíjiān	51	dānxīn
11	dǎoyóu	32	shìjiè	52	děng
12	fàn	33	shǔjià	53	fàng
13	fāngfǎ	34	Suǒní	54	fàngqì
14	fēijī	35	táifēng	55	guā
15	Fēngtián	36	tiānqì	56	guà
16	gāngqín	37	tīnglì	57	huídá
17	hánjià	38	wèidao	58	jiējìn
18	Jiānéng	39	Xiānggǎng	59	juéxīn
19	jīngjì	40	yǐqián	60	lǚyóu
20	kǎoshì	41	yóuxì	61	ná

62	páimíng			
63	shàngbān			
64	shuìjiào			
65	tán			
66	tiē			
67	wèn			
68	xià			
69	xǐhuan			
70	xiūxi			
71	xǐzǎo			
72	zēngzhǎng			
73	zhǔnbèi			
74	zhùyuàn			
形容詞				
75	è			
76	chà			
77	kǔ			
78	kuài			

13課 私は頭がとても痛い

対話 CD-182

① A：怎么 了？你 身体 不 舒服 吗？
　　　Zěnme le? Nǐ shēntǐ bù shūfu ma?

　B：对。我 头 很 疼。昨晚 开着 空调 睡了 一 晚。
　　　Duì. Wǒ tóu hěn téng. Zuówǎn kāizhe kōngtiáo shuìle yì wǎn.

② A：明年 要 高考，你 成绩 怎么样？
　　　Míngnián yào gāokǎo, nǐ chéngjì zěnmeyàng?

　B：我 没有 得过 满分，但是 有 进步。
　　　Wǒ méiyǒu déguo mǎnfēn, dànshì yǒu jìnbù.

③ A：他 是 你 男朋友 还是 同事？
　　　Tā shì nǐ nán péngyou háishi tóngshì?

　B：都 不 是，是 我 的 学生。他 口语 很 流利。
　　　Dōu bú shì, shì wǒ de xuésheng. Tā kǒuyǔ hěn liúlì.

④ A：你 想 上 日本 的 大学，还是 想 去 中国 留学？
　　　Nǐ xiǎng shàng Rìběn de dàxué, háishi xiǎng qù Zhōngguó liúxué?

　B：我 想 上 中国 的 大学，一举两得。
　　　Wǒ xiǎng shàng Zhōngguó de dàxué, yījǔliǎngdé.

短文 CD-183

明年 七 月 我 大学 毕业，但是 是 考研 还是 就职，我
Míngnián qī yuè wǒ dàxué bìyè, dànshì shì kǎoyán háishi jiùzhí, wǒ

还 没有 决定。我 不 知道 应该 怎么 办。
hái méiyǒu juédìng. Wǒ bù zhīdào yīnggāi zěnme bàn.

文法

主述述語文

「AはBが（どう）だ」のように、述語が「主語＋述語」の形になっている文。「Bが（どう）だ」の部分は p.51形容詞述語文の形になる。

(1) 她 眼睛 很 漂亮。
　　Tā yǎnjing hěn piàoliang.

(2) 哥哥 成绩 不 好。
　　Gēge chéngjī bù hǎo.

(3) 老师 工作 忙 吗?
　　Lǎoshī gōngzuò máng ma?

(4) 你 肚子 饿 不 饿?
　　Nǐ dùzi è bu è?

(5) 北京烤鸭 味道 怎么样?
　　Běijīng kǎoyā wèidao zěnmeyàng?

選択を表す接続詞 "还是"

接続詞 "还是" は「それとも」を表し、「("是") ＋A＋ "还是" ＋B」の形で、「AかそれともBか」という選択疑問文を作る。

(1) 那 是 法国菜 还是 意大利菜?
　　Nà shì Fǎguócài háishi Yìdàlìcài?

(2) 今天 弟弟 去 还是 妹妹 去?
　　Jīntiān dìdi qù háishi mèimei qù?

(3) 他们 是 明天 来 还是 后天 来?
　　Tāmen shì míngtiān lái háishi hòutiān lái?

(4) 她 想 坐 公交车 还是 坐 出租车?
　　Tā xiǎng zuò gōngjiāochē háishi zuò chūzūchē?

单语

中文	品詞	日本語
身体 shēntǐ	名	体
舒服 shūfu	形	気分がよい、心地よい
头 tóu	名	頭
疼 téng	形	痛い
昨晚 zuówǎn	名	昨晩
空调 kōngtiáo	名	エアコン
睡 shuì	動	寝る
晚 wǎn	名	晩、夜
高考 gāokǎo	動	大学の入学試験を受ける
成绩 chéngjì	名	成績
得 dé	動	得る、獲得する
满分 mǎnfēn	名	満点
进步 jìnbù	動	進歩する
还是 háishi	接	それとも
同事 tóngshì	名	同僚
口语 kǒuyǔ	名	口語、話し言葉
上 shàng	動	通う、行く
一举两得 yījǔliǎngdé		一挙両得、一石二鳥
考研 kǎoyán	動	大学院を受験する
就职 jiùzhí	動	就職する
决定 juédìng	動	決める
办 bàn	動	処理する、…する
眼睛 yǎnjing	名	目、瞳
工作 gōngzuò	名	仕事
肚子 dùzi	名	お腹
烤鸭 kǎoyā	名	アヒルの丸焼き
法国 Fǎguó	名	フランス
菜 cài	名	料理
意大利 Yìdàlì	名	イタリア
公交车 gōngjiāochē	名	路線バス
出租车 chūzūchē	名	タクシー

CD-184

練習問題

A 《 ディクテーション 》 CD-185
語句や文を聞き取ってピンインを書きましょう。

(1) _____

(2) _____

(3) _____

(4) _____

B 《 対話の聞き取り 》 CD-186
中国語の問いを聞き、答えとして最も適当なものを、①〜④の中から選びましょう。

(1)
  ①   ②   ③   ④

(2)
  ①   ②   ③   ④

(3)
  ①   ②   ③   ④

(4)
  ①   ②   ③   ④

C 《 作文 》
次の文を中国語に訳しましょう。

(1) 私が行きますか、それともあなたが来ますか？

_____

(2) 先生は仕事がとても忙しい。

_____

(3) 中国料理は味がとても良い。

_____

(4) 彼は就職したいですか、それとも勉強したいですか？

_____

第14課 この服はあの服より大きい

対話 CD-187

① A：这儿 附近 有 中国银行 吗？
　　　Zhèr fùjìn yǒu Zhōngguó yínháng ma?

　 B：不好意思，我 不 知道。你 去 问问 别人 吧。
　　　Bù hǎoyìsi, wǒ bù zhīdào. Nǐ qù wènwen biéren ba.

② A：我 没 来过 这个 餐厅，这儿 的 小笼包 好吃 吗？
　　　Wǒ méi láiguo zhège cāntīng, zhèr de xiǎolóngbāo hǎochī ma?

　 B：这儿 的 小笼包 很 好吃，你 尝 一 尝 吧。
　　　Zhèr de xiǎolóngbāo hěn hǎochī, nǐ cháng yi chang ba.

③ A：你 看过 这 本 书 吗？怎么样？难 不 难？
　　　Nǐ kànguo zhè běn shū ma? Zěnmeyàng? Nán bu nán?

　 B：这 本 书 比 那 本 书 难。但是 很 有意思，你 看看 吧！
　　　Zhè běn shū bǐ nà běn shū nán. Dànshì hěn yǒu yìsi, nǐ kànkan ba!

④ A：这 件 衣服 比 那 件 大 吗？我 可以 试试 吗？
　　　Zhè jiàn yīfu bǐ nà jiàn dà ma? Wǒ kěyǐ shìshi ma?

　 B：比 那 件 大。当然 可以。这边 请。
　　　Bǐ nà jiàn dà. Dāngrán kěyǐ. Zhèbiān qǐng.

短文 CD-188

我 喜欢 踢 足球，也 喜欢 看 足球 比赛。我 觉得 看
Wǒ xǐhuan tī zúqiú, yě xǐhuan kàn zúqiú bǐsài. Wǒ juéde kàn

足球 比赛 比 踢 足球 更 有意思。明年 我 要 去 英国
zúqiú bǐsài bǐ tī zúqiú gèng yǒu yìsi. Míngnián wǒ yào qù Yīngguó

留学。我 想 看看 英国 的 足球 比赛。
liúxué. Wǒ xiǎng kànkan Yīngguó de zúqiú bǐsài.

文法

動詞の重ね型

同じ動詞を2回繰り返し、「動詞＋動詞」とすると、「ちょっと…してみる」「試しに…してみる」の意味を表す。動詞が1音節の場合、動詞の間に"一 yi"（軽声）を挟むことがある。2音節目はふつう軽く読む。

(1) 李 先生，我们 去 看 一 看 吧。
　　Lǐ xiānsheng, wǒmen qù kàn yi kan ba.

(2) 我 累 了。我们 休息休息 吧。
　　Wǒ lèi le. Wǒmen xiūxixiuxi ba.

(3) 这 本 书 很 有意思，你 可以 看看。
　　Zhè běn shū hěn yǒu yìsi, nǐ kěyǐ kànkan.

※動詞の後に"一下"、"一会儿"を付けた形も「ちょっと…する」を表す。

(4) 请 等 一下。
　　Qǐng děng yíxià.

(5) 休息 一会儿 吧。
　　Xiūxi yíhuìr ba.

比較表現 "比"

「A（主語）＋"比"＋B（比較の対象）＋形容詞（＋差の量）」で「AはBより…である」の意味を表す。また、否定「AはBほど…ではない」は「A（主語）＋"没有"＋B（比較の対象）＋形容詞」と表す。

(1) 今天 比 昨天 暖和。
　　Jīntiān bǐ zuótiān nuǎnhuo.

(2) 我 姐姐 比 我 大 两 岁。
　　Wǒ jiějie bǐ wǒ dà liǎng suì.

(3) 现在 的 快递 比 以前 的 快。
　　Xiànzài de kuàidì bǐ yǐqián de kuài.

(4) 这 本 杂志 没有 那 本 便宜。
　　Zhè běn zázhì méiyǒu nà běn piányi.

単語 CD-189

中文	品詞	日本語
中国银行 Zhōngguó yínháng	名	中国銀行
不好意思 bù hǎoyìsi		申し訳ない、恐れ入ります
别人 biéren	代	他（の）人
餐厅 cāntīng	名	レストラン
小笼包 xiǎolóngbāo	名	ショーロンポー
尝 cháng	動	味見する
比 bǐ	介	…より
有意思 yǒu yìsi		面白い
试 shì	動	試す
当然 dāngrán	副	もちろん、当然
这边 zhèbiān	代	こちら、ここ
踢 tī	動	蹴る、（サッカーを）する
足球 zúqiú	名	サッカー
觉得 juéde	動	感じる、…と思う
更 gèng	副	さらに
英国 Yīngguó	名	イギリス
李 Lǐ	人名	李
先生 xiānsheng	名	（男性に対して）…さん
累 lèi	形	疲れる
一会儿 yíhuìr		少しの間、しばらく、まもなく
快递 kuàidì	名	速達
新 xīn	形	新しい
漫画 mànhuà	名	漫画
茶杯 chábēi	名	湯飲み茶碗
寺本 Sìběn	人名	寺本
商量 shāngliang	動	相談する

《 いろいろなスポーツ 》 CD-190

1) 棒球 bàngqiú
2) 网球 wǎngqiú
3) 羽毛球 yǔmáoqiú
4) 橄榄球 gǎnlǎnqiú
5) 乒乓球 pīngpāngqiú
6) 排球 páiqiú
7) 保龄球 bǎolíngqiú
8) 篮球 lánqiú
9) 相扑 xiāngpū
10) 游泳 yóuyǒng
11) 滑雪 huáxuě
12) 滑冰 huábīng

練習問題

A 《 ディクテーション 》 CD-191
語句や文を聞き取ってピンインを書きましょう。

(1) _____

(2) _____

(3) _____

(4) _____

B 《 対話の聞き取り 》 CD-192
中国語の問いを聞き、答えとして最も適当なものを、①～④の中から選びましょう。

(1)
　　① 　　　　② 　　　　③ 　　　　④

(2)
　　① 　　　　② 　　　　③ 　　　　④

(3)
　　① 　　　　② 　　　　③ 　　　　④

(4)
　　① 　　　　② 　　　　③ 　　　　④

C 《 作文 》
次の文を中国語に訳しましょう。(3)、(4) は動詞の重ね型を使って訳しましょう。

(1) この新しい漫画はあの漫画より面白い。
_____

(2) その湯飲み茶碗はあれより高い。
_____

(3) 私たち寺本さんに相談してみましょう。
_____

(4) あの本面白いからあなたも読んでみるといいよ。
_____

15課 お母さんに叱られた

対話

① A：他 汉语 水平 很 高，最近 谁 教 他 汉语？
　　　Tā Hànyǔ shuǐpíng hěn gāo, zuìjìn shéi jiāo tā Hànyǔ?

　B：语言 学校 的 刘 老师 教 他 汉语。
　　　Yǔyán xuéxiào de Liú lǎoshī jiāo tā Hànyǔ.

② A：下 个 星期天 我 想 送 她 一 件 礼物。
　　　Xià ge xīngqītiān wǒ xiǎng sòng tā yí jiàn lǐwù.

　B：你 要 买 你 喜欢 的 还是 她 喜欢 的？这 非常 重要。
　　　Nǐ yào mǎi nǐ xǐhuan de háishi tā xǐhuan de? Zhè fēicháng zhòngyào.

③ A：昨天 我 问了 爸爸 一 个 问题：他 为什么 被 妈妈 骂 了。
　　　Zuótiān wǒ wènle bàba yí ge wèntí: Tā wèishénme bèi māma mà le.

　B：我 也 想 问问 爸爸 这 件 事。
　　　Wǒ yě xiǎng wènwen bàba zhè jiàn shì.

④ A：哥哥 给了 我 压岁钱。但是 比 姐姐 给 的 少。
　　　Gēge gěile wǒ yāsuìqián. Dànshì bǐ jiějie gěi de shǎo.

　B：你 别 生气。那些 压岁钱 都 要 被 妈妈 存起来。
　　　Nǐ bié shēngqì. Nàxiē yāsuìqián dōu yào bèi māma cúnqilai.

短文

去年，我 借了 王 老师 一些 资料，但是 到 现在 还 没 还。我 告诉 同学 这 件 事，结果 被 他 骂了 一 顿。我 想 老师 一定 以为 那些 资料 被 我 偷走 了。
Qùnián, wǒ jièle Wáng lǎoshī yìxiē zīliào, dànshì dào xiànzài hái méi huán. Wǒ gàosu tóngxué zhè jiàn shì, jiéguǒ bèi tā màle yí dùn. Wǒ xiǎng lǎoshī yídìng yǐwéi nàxiē zīliào bèi wǒ tōuzǒu le.

文法

二重目的語文

人に何かを与える意味を持つ動詞には、「主語＋動詞＋間接目的語（ヒト）＋直接目的語（モノ）」の形で、目的語を2つ伴うことができるものがある。

(1) 陈 老师 教 我们 中国 历史。
　　Chén lǎoshī jiāo wǒmen Zhōngguó lìshǐ.

(2) 张 老师 问了 大家 一 个 问题。
　　Zhāng lǎoshī wènle dàjiā yí ge wèntí.

(3) 她 不 告诉 我 电话 号码。
　　Tā bú gàosu wǒ diànhuà hàomǎ.

(4) 你 给 他们 巧克力 吗?
　　Nǐ gěi tāmen qiǎokèlì ma?

(5) 爸爸 送 妈妈 什么?
　　Bàba sòng māma shénme?

受け身を表す介詞 "被"

介詞 "被" は「主語＋"被"（＋行為者）＋動詞＋付加成分」の形で、「主語は（行為者によって）…される」という主語が何らかの動作を受ける文となる。

(1) 哥哥 被 爸爸 骂了 一 顿。
　　Gēge bèi bàba màle yí dùn.

(2) 自行车 被 妹妹 骑走 了 吗?
　　Zìxíngchē bèi mèimei qízǒu le ma?

(3) 蛋糕 被 谁 吃 了?
　　Dàngāo bèi shéi chī le?

(4) 我 的 钱包 被 偷 了。
　　Wǒ de qiánbāo bèi tōu le.

単 語

中文	品詞	意味
最近 zuìjìn	名	最近
教 jiāo	動	教える
语言 yǔyán	名	言語、言葉
刘 Liú	人名	劉
送 sòng	動	送る、渡す
件 jiàn	量	…個（事柄、贈り物などを数える）
重要 zhòngyào	形	重要である
问题 wèntí	名	質問
为什么 wèi shénme	疑	なぜ、どうして
被 bèi	介	…される
骂 mà	動	叱る、怒る、罵る
给 gěi	動	あげる
压岁钱 yāsuìqián	名	お年玉
别 bié	副	…するな
生气 shēngqì	動	腹が立つ、怒る
要 yào	助動	…するだろう
存 cún	動	預ける、貯金する
起来 qǐlai	動	（動詞の後で）1つにまとまることや隠れることを表す
王 Wáng	人名	王
借 jiè	動	借りる、貸す
一些 yìxiē		いくつか
资料 zīliào	名	資料
还 huán	動	返す
告诉 gàosu	動	伝える、教える
结果 jiéguǒ	接	結局、その結果
顿 dùn	量	…回、…度（叱責等の数を数える）
一定 yídìng	副	きっと、必ず
以为 yǐwéi	動	…と感じる、…と思う
偷 tōu	動	盗む
陈 Chén	人名	陳
张 Zhāng	人名	張
历史 lìshǐ	名	歴史
巧克力 qiǎokèlì	名	チョコレート
蛋糕 dàngāo	名	ケーキ
钱包 qiánbāo	名	財布
马 Mǎ	人名	馬

練習問題

A 《 ディクテーション 》 CD-196
語句や文を聞き取ってピンインを書きましょう。

(1) _____

(2) _____

(3) _____

(4) _____

B 《 対話の聞き取り 》 CD-197
中国語の問いを聞き、答えとして最も適当なものを、①〜④の中から選びましょう。

(1)
　　① 　　② 　　③ 　　④

(2)
　　① 　　② 　　③ 　　④

(3)
　　① 　　② 　　③ 　　④

(4)
　　① 　　② 　　③ 　　④

C 《 作文 》
次の文を中国語に訳しましょう。

(1) クラスメイトは陳先生に２、３度叱られた。
_____

(2) 私は馬先生に１つ質問した。
_____

(3) 私はあなたに電話番号を伝えません。
_____

(4) 彼女はお姉さんにプレゼントを贈りましたか？
_____

第16課 先生は私たちに本文を暗唱させます

対話

① A：每 节 课 老师 都 让 我们 背 课文，非常 辛苦。
　　　Měi jié kè lǎoshī dōu ràng wǒmen bèi kèwén, fēicháng xīnkǔ.

　B：背 课文 对 学习 汉语 有 好处，加油！
　　　Bèi kèwén duì xuéxí Hànyǔ yǒu hǎochù, jiāyóu!

② A：今天 晚上 咱们 去 看 电影 吧。晚上 八 点 开始。
　　　Jīntiān wǎnshang zánmen qù kàn diànyǐng ba. Wǎnshang bā diǎn kāishǐ.

　B：不好意思，晚上 我 妈妈 不 让 我 出去。
　　　Bù hǎoyìsi, wǎnshang wǒ māma bú ràng wǒ chūqù.

③ A：快要 放 春假 了，你 打算 去 哪儿？
　　　Kuàiyào fàng chūnjià le, nǐ dǎsuàn qù nǎr?

　B：我 打算 去 上海 跟 中国 朋友 见面。
　　　Wǒ dǎsuàn qù Shànghǎi gēn Zhōngguó péngyou jiànmiàn.

④ A：你 今天 是 怎么 来 的 学校？
　　　Nǐ jīntiān shì zěnme lái de xuéxiào?

　B：我 今天 是 坐 地铁 来 的。
　　　Wǒ jīntiān shì zuò dìtiě lái de.

短文

快要 放 暑假 了，这个 暑假 我 打算 跟 姐姐 一起 去
Kuàiyào fàng shǔjià le, zhège shǔjià wǒ dǎsuàn gēn jiějie yìqǐ qù

冲绳 看 大海、游泳。我 姐姐 会 开 车，想 让 她 开 车
Chōngshéng kàn dàhǎi、yóuyǒng. Wǒ jiějie huì kāi chē, xiǎng ràng tā kāi chē

带 我 去 兜风。我 是 第 一 次 去 冲绳，非常 期待 这次
dài wǒ qù dōufēng. Wǒ shì dì yī cì qù Chōngshéng, fēicháng qīdài zhècì

旅行。
lǚxíng.

文法

使役を表す "让"、"叫"

「主語+"让/叫"+ヒト+動詞(+目的語)」で「…(ヒト)に…させる」を表す。否定は"不"や"没(有)"を"让/叫"の前に置く。

(1) 老师 让 学生 做 作业。
　　Lǎoshī ràng xuésheng zuò zuòyè.

(2) 妈妈 叫 弟弟 去 买 东西。
　　Māma jiào dìdi qù mǎi dōngxi.

(3) 爸爸 不 让 我 玩儿 游戏。
　　Bàba bú ràng wǒ wánr yóuxì.

「まもなく…だ」

"快要…了"で「まもなく…だ」を表す。

(1) 快要 下 雨 了。
　　Kuàiyào xià yǔ le.

(2) 比赛 快要 结束 了。
　　Bǐsài kuàiyào jiéshù le.

※このほか"快…了"、"要…了"、"就要…了"も「まもなく…だ」を表す。"快…了"は間に名詞だけを置くことができる。前に時間を表す語がある時は、ふつう"要…了"、"就要…了"が使われる。

(3) 快 春节 了。
　　Kuài Chūnjié le.

(4) 比赛 六点 要 开始 了。
　　Bǐsài liùdiǎn yào kāishǐ le.

(5) 他们 下 个 月 就要 结婚 了。
　　Tāmen xià ge yuè jiùyào jiéhūn le.

"是…的"構文

すでに起こったことについて、「いつ」「どこで」「どのように」などを強調する時に使う。目的語はふつう"的"の後ろに置く。"是"は省略可。否定は"不是…的"の形になる。

(1) 他 是 去年 来 的 日本。
　　Tā shì qùnián lái de Rìběn.

(2) 我 不 是 坐 公交车 来 的。
　　Wǒ bú shì zuò gōngjiāochē lái de.

(3) 你 是 在 哪儿 学 的 汉语?
　　Nǐ shì zài nǎr xué de Hànyǔ?

単語

每 měi	代	それぞれ、毎		大海 dàhǎi	名	海、大海
节 jié	量	…コマ（授業などを数える）		游泳 yóuyǒng	動	泳ぐ
背 bèi	動	暗唱する		开车 kāichē	動	車を運転する
课文 kèwén	名	（教科書の）本文、例文		带 dài	動	引き連れる
辛苦 xīnkǔ	形	つらい		兜风 dōufēng	動	ドライブする
对 duì	介	…に（ついて）、…に（対して）		期待 qīdài	動	期待する
好处 hǎochù	名	有利な点、メリット		这次 zhècì		今回
加油 jiāyóu	動	頑張る		旅行 lǚxíng	動	旅行（する）
让 ràng	動	…させる		叫 jiào	動	…させる
出去 chūqù	動	出る、出て行く		雨 yǔ	名	雨
快要…了 kuàiyào…le		まもなく…だ		结束 jiéshù	動	終わる、終結する
放 fàng	動	休みになる		快…了 kuài…le		まもなく…だ
春假 chūnjià	名	春休み		春节 Chūnjié	名	春節、旧正月
打算 dǎsuàn	動	…するつもりだ		要…了 yào…le		まもなく…だ
见面 jiànmiàn	動	会う		就要…了 jiùyào…le		まもなく…だ
地铁 dìtiě	名	地下鉄		结婚 jiéhūn	動	結婚する

《 餃子について 》

　日本人にも愛されている餃子は、中国では水餃子が一般的です。日本では新年におせち料理を食べますが、中国では旧正月の大晦日に家族全員で餃子を包み、新年のお祝いにみんなで食べます。これは饺子 jiǎozi が、除夜の０時に子の刻が交わる「更岁交子 gèng suì jiāo zǐ」の交子 jiāo zǐ の音と似ていることからと言われています。またその形が、三日月の形をしていて中国の昔のお金「元宝」に似ているため、金運を呼び込む縁起の良いものと捉えられています。日本人と同じように中国人も普段の生活でとても縁起を大切にしているので、食べ物以外からも見つけてみてください。

練習問題

A 《 ディクテーション 》 CD-201
語句や文を聞き取ってピンインを書きましょう。

(1) _____

(2) _____

(3) _____

(4) _____

B 《 対話の聞き取り 》 CD-202
中国語の問いを聞き、答えとして最も適当なものを、①〜④の中から選びましょう。

(1)
　　① 　　　② 　　　③ 　　　④

(2)
　　① 　　　② 　　　③ 　　　④

(3)
　　① 　　　② 　　　③ 　　　④

(4)
　　① 　　　② 　　　③ 　　　④

C 《 作文 》
次の文を中国語に訳しましょう。

(1) 母は私にテレビを見させない。
_____

(2) 父は私を中国留学に行かせたい。
_____

(3) 彼らはまもなく卒業します。
_____

(4) 私は先週日本に来たのではありません。(" 是…的 " 構文を用いて)
_____

まとめの文章 5 （第13課～第16課）

今天 我 心情 特别 好，想 用 中文 写 一 篇 日记。我
Jīntiān wǒ xīnqíng tèbié hǎo, xiǎng yòng Zhōngwén xiě yì piān rìjì. Wǒ

被 老师 表扬 了，她 说 我 学习 态度 好，汉语 成绩 也 好，
bèi lǎoshī biǎoyáng le, tā shuō wǒ xuéxí tàidù hǎo, Hànyǔ chéngjì yě hǎo,

是 同学们 的 榜样。人生 第 一 次 在 大家 面前 被 夸奖，
shì tóngxuémen de bǎngyàng. Rénshēng dì yī cì zài dàjiā miànqián bèi kuājiǎng,

这 让 我 非常 感动，又 有点儿 害羞。
zhè ràng wǒ fēicháng gǎndòng, yòu yǒudiǎnr hàixiū.

老师 还 告诉 我 今年 也许 可以 拿到 奖学金。太 好
Lǎoshī hái gàosu wǒ jīnnián yěxǔ kěyǐ nádào jiǎngxuéjīn. Tài hǎo

了！想 当初，是 学 汉语 还是 学 法语，我 是 很 犹豫 的。
le! Xiǎng dāngchū, shì xué Hànyǔ háishi xué Fǎyǔ, wǒ shì hěn yóuyù de.

现在 看来，选择 学 汉语 是 对 的。现在 我 比 以前 更
Xiànzài kànlái, xuǎnzé xué Hànyǔ shì duì de. Xiànzài wǒ bǐ yǐqián gèng

喜欢 学习 汉语 了。我 一定 要 戒骄戒躁、再接再厉，好好儿
xǐhuan xuéxí Hànyǔ le. Wǒ yídìng yào jièjiāojièzào, zàijiēzàilì, hǎohāor

学习 汉语。但是 今天 我 得 早点儿 睡觉。明天 继续 加油！
xuéxí Hànyǔ. Dànshì jīntiān wǒ děi zǎodiǎnr shuìjiào. Míngtiān jìxù jiāyóu!

《 成語について 》

　成語の多くは四字熟語で、古代の物語や寓話（故事）に由来するものもあれば、名言や格言から切り取ったものもあるので、字面からはその意味を読み取れないこともあります。

　例えば、「洛阳纸贵 Luòyángzhǐguì」は「書物がよく売れること」を指しますが、漢字を見ただけではその意味を推測するのはなかなか難しいと思います。これは「晋の時代に左思という人が書き上げた『三都賦』が評判となり、書き写す人が続出した結果、洛陽の紙価を高めた」という話に由来します。それが後に現在の意味で広く使われるようになりました。また、「胸有成竹 xiōngyǒuchéngzhú」は「前もってちゃんとした考えがあること」を意味するのですが、それは「与可画竹时，胸中有竹」という言葉に由来すると言われています。（与可：宋代の有名な画家、詩人である「文同」の字（あざな）。）

　成語は背後にある物語や出典を知っておくと覚えやすいので、気になる成語があれば一度調べてみてはどうでしょうか。

単語

中文	品詞	意味
心情 xīnqíng	名	気持ち、気分
特别 tèbié	副	とりわけ、特に
用 yòng	介	…で、…を使って
篇 piān	量	…編（文章を数える）
日记 rìjì	名	日記
表扬 biǎoyáng	動	表彰する、ほめる
态度 tàidù	名	態度
榜样 bǎngyàng	名	模範、手本
面前 miànqián	名	前、目の前
人生 rénshēng	名	人生
夸奖 kuājiǎng	動	ほめる
感动 gǎndòng	動	感動する
又 yòu	副	また
有点儿 yōudiǎnr	副	少し
害羞 hàixiū	形	恥ずかしい
也许 yěxǔ	副	もしかしたら…かもしれない
拿到 nádào	動	手に入れる
奖学金 jiǎngxuéjīn	名	奨学金
当初 dāngchū	名	最初
选择 xuǎnzé	動	選ぶ、選択する
法语 Fǎyǔ	名	フランス語
犹豫 yóuyù	動	ためらう
看来 kànlái		見たところ…のようだ
戒骄戒躁 jièjiāojièzào		おごり高ぶらないよう用心する
再接再厉 zàijiēzàilì		ますます頑張る
好好儿 hǎohāor	副	ちゃんと、よく
继续 jìxù	動	継続する

1. **大器晚成** dà qì wǎn chéng
   大器晩成。

2. **纸上谈兵** zhǐ shàng tán bīng
   机上の空論。

3. **三顾茅庐** sān gù máo lú
   礼を尽くして人を迎えることのたとえ。

4. **井底之蛙** jǐng dǐ zhī wā
   井の中の蛙。

5. **守株待兔** shǒu zhū dài tù
   努力しないで思いがけない幸運を期待すること。

6. **破釜沉舟** pò fǔ chén zhōu
   決死の覚悟でやる。絶対に後退しない決意。

7. **画蛇添足** huà shé tiān zú
   蛇足を加えること。

8. **东山再起** dōng shān zài qǐ
   返り咲く。再起する。

9. **一衣带水** yī yī dài shuǐ
   一本の帯のように狭い川や海に隔てられていても往来しやすいこと。

⑤ **単語**：名詞　動詞　形容詞

	名詞	30	lánqiú	60	zuìjìn	89	juédìng
1	bàngqiú	31	lìshǐ	61	zuówǎn	90	kāichē
2	bǎngyàng	32	mǎnfēn	62	zúqiú	91	kǎoyán
3	bǎolíngqiú	33	mànhuà		動詞	92	kuājiǎng
4	cài	34	miànqián	63	bàn	93	lǚxíng
5	cāntīng	35	páiqiú	64	bèi	94	mà
6	chábēi	36	pīngpāngqiú	65	biǎoyáng	95	nádào
7	chéngjì	37	qiánbāo	66	cháng	96	qīdài
8	chūnjià	38	qiǎokèlì	67	chūqù	97	qǐlai
9	Chūnjié	39	rénshēng	68	cún	98	ràng
10	chūzūchē	40	rìjì	69	dǎsuàn	99	shāngliang
11	dàhǎi	41	shēntǐ	70	dé	100	shàng
12	dàngāo	42	tàidù	71	dōufēng	101	shēngqì
13	dāngchū	43	tóngshì	72	fàng	102	shì
14	dìtiě	44	tóu	73	gǎndòng	103	shuì
15	dùzi	45	wǎn	74	gāokǎo	104	sòng
16	Fǎguó	46	wǎngqiú	75	gàosu	105	tī
17	Fǎyǔ	47	wèntí	76	gěi	106	tōu
18	gǎnlǎnqiú	48	xiāngpū	77	huán	107	xuǎnzé
19	gōngjiāochē	49	xiānsheng	78	jìxù	108	yǐwéi
20	gōngzuò	50	xiǎolóngbāo	79	jiànmiàn	109	yóuyǒng
21	hǎochù	51	xīnqíng	80	jiāyóu	110	yóuyù
22	huábīng	52	yāsuìqián	81	jiāo		形容詞
23	huáxuě	53	yǎnjing	82	jiào	111	hài xiū
24	jiǎngxuéjīn	54	Yìdàlì	83	jiéhūn	112	lèi
25	kǎoyā	55	Yīngguó	84	jiè	113	shūfu
26	kèwén	56	yǔ	85	jiéshù	114	téng
27	kōngtiáo	57	yǔmáoqiú	86	jìnbù	115	xīn
28	kǒuyǔ	58	yǔyán	87	jiùzhí	116	xīnkǔ
29	kuàidì	59	zīliào	88	juéde	117	zhòngyào

単語のまとめ

人称代詞 CD-205

	一人称		二人称		三人称			疑問
単数	我 wǒ		你 nǐ	您 nín	他 tā	她 tā	它 tā	谁 shéi (shuí)
複数 ～们 ～men	我们 wǒmen	咱们 zánmen	你们 nǐmen		他们 tāmen	她们 tāmen	它们 tāmen	

※"咱们"は相手を含む、"您"は敬称、"他"は男性、"她"は女性、"它"は人間以外を指す。

親族呼称 CD-206

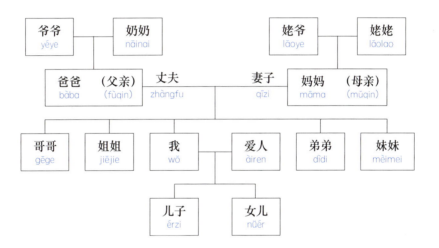

指示代詞 CD-207

		単数	複数	場所		程度
		～个 (～ge)	～些 (～xiē)	～儿 (～r)	～里 (～li)	～么 (～me)
こ	这 zhè	这个 zhège (zhèige)	这些 zhèxiē (zhèixiē)	这儿 zhèr	这里 zhèli	这么 zhème
そ あ	那 nà	那个 nàge (nèige)	那些 nàxiē (nèixiē)	那儿 nàr	那里 nàli	那么 nàme
ど	哪 nǎ	哪个 nǎge (něige)	哪些 nǎxiē (něixiē)	哪儿 nǎr	哪里 nǎli	

※"这"、"那"、"哪"は単独では目的語になれない。"哪里"は第二声＋軽声で発音する。

方位詞

	～边（～bian）	～边儿（～bianr）	～面（～mian）
前 qián	前边 qiánbian	前边儿 qiánbianr	前面 qiánmian
后 hòu	后边 hòubian	后边儿 hòubianr	后面 hòumian
上 shàng	上边 shàngbian	上边儿 shàngbianr	上面 shàngmian
下 xià	下边 xiàbian	下边儿 xiàbianr	下面 xiàmian
里 lǐ	里边 lǐbian	里边儿 lǐbianr	里面 lǐmian
外 wài	外边 wàibian	外边儿 wàibianr	外面 wàimian
左 zuǒ	左边 zuǒbian	左边儿 zuǒbianr	左面 zuǒmian
右 yòu	右边 yòubian	右边儿 yòubianr	右面 yòumian
旁 páng	旁边 pángbiān	旁边儿 pángbiānr	—
对 duì	—	—	对面 duìmiàn
东 dōng	东边 dōngbian	东边儿 dōngbianr	东面 dōngmian
南 nán	南边 nánbian	南边儿 nánbianr	南面 nánmian
西 xī	西边 xībian	西边儿 xībianr	西面 xīmian
北 běi	北边 běibian	北边儿 běibianr	北面 běimian

いろいろな疑問詞

時間：哪一年／几年 nǎ yì nián／jǐ nián　　几月／几个月 jǐ yuè／jǐ ge yuè　　星期几／几个星期 xīng qī jǐ／jǐ ge xīng qī　　几号（日）／几天 jǐ hào（rì）／jǐ tiān

几点／几个小时 jǐ diǎn／jǐ ge xiǎoshí　　几分／几分（钟） jǐ fēn／jǐ fēn（zhōng）　　什么时候／多长时间 shénme shíhou／duōcháng shíjiān

場所：哪儿 nǎr　　哪里 nǎli　　什么地方 shénme dìfang　　**ヒト**：谁 shéi (shuí)　　**モノ**：哪 nǎ　　哪个 nǎge (něige)　　哪些 nǎxiē (něixiē)　　什么 shénme

数量：几 jǐ　　多少 duōshao　　多大 duōdà　　多长 duōcháng　　**理由**：为什么 wèishénme　　**手段**：怎么 zěnme　　**状態**：怎么样 zěnme yàng

いろいろな副詞

程度：很 非常 太 更 特別 只 更加 好好儿 有点儿　　推測：也许 当然 一定 将
　　　hěn fēicháng tài gèng tèbié zhǐ gèngjiā hǎohāor yǒudiǎnr　　　　yěxǔ dāngrán yídìng jiāng

範囲：一共 一起 都 先　　　　　　　　　　　　　　　　頻度：也 还 又 再 经常
　　　yígòng yìqǐ dōu xiān　　　　　　　　　　　　　　　　yě hái yòu zài jīngcháng

時間：就 一直 正在 正 在 刚才 已经　　　　　　　　　　否定：不 不用 没（有） 别
　　　jiù yìzhí zhèngzài zhèng zài gāng cái yǐjīng　　　　　　　bù búyòng méi(yǒu) bié

※組合せ例：〜也都…。　　〜也不…。　　〜都不…。
　　　　　　　yě dōu　　　　yě bù　　　　　dōu bù
　　　　　　〜もみな…。　〜も…でない。　〜はみな…でない。

　　　　　　〜不太…。　　　〜不都…。
　　　　　　　bú tài　　　　　bù dōu
　　　　　　〜はあまり…でない。　〜は全て…というわけではない。

いろいろな接続詞

順接：所以 结果 那么　　逆接：但是 可是　　並列：和（跟）　　選択：还是
　　　suǒyǐ jiéguǒ nàme　　　　dànshì kěshì　　　　hé(gēn)　　　　　háishi

動詞の重ね型：「ちょっと…してみる」「試しに…してみる」‥13課

	看 kàn	问 wèn	听 tīng	等 děng	休息 xiūxi
AA型：	看看 kànkan	问问 wènwen	听听 tīngting	等等 děngdeng	休息休息 xiūxixiuxi
A一A型：	看一看 kàn yi kan	问一问 wèn yi wen	听一听 tīng yi ting	等一等 děng yi deng	

文法のまとめ

動詞を用いる文

	肯定	否定	疑問	反復疑問	課
是（判断）	主語＋是＋目的語。	主語＋不是＋目的語。	主語＋是＋目的語＋吗？	主語＋是不是＋目的語？	1
一般動詞	主語＋動詞（＋目的語）。	主語＋不＋動詞（＋目的語）。	主語＋動詞（＋目的語）＋吗？	主語＋動詞＋不＋動詞（＋目的語）？	2
有（所有）	ヒト＋有＋モノ。	ヒト＋没有＋モノ。	ヒト＋有＋モノ＋吗？	ヒト＋有没有＋モノ？	8
有（所在）	場所＋有＋モノ。	場所＋没有＋モノ。	場所＋有＋モノ＋吗？	場所＋有没有＋モノ？	9
在（所在）	ヒト／モノ＋在＋場所。	ヒト／モノ＋不在＋場所。	ヒト／モノ＋在＋場所＋吗？	ヒト／モノ＋在不在＋場所？	9
連動文	主語＋動詞1（＋目的語1）＋動詞2（＋目的語2）。				7
二重目的語	主語＋動詞＋ヒト＋モノ／コト。				15

助動詞を用いる文

願望・意欲

	肯定	否定	疑問	反復疑問	課
想	主語＋想＋動詞（＋目的語）。	主語＋不想＋動詞（＋目的語）。	主語＋想＋動詞（＋目的語）＋吗？	主語＋想不想＋動詞（＋目的語）？	3
要	主語＋要＋動詞（＋目的語）。	主語＋不想＋動詞（＋目的語）。	主語＋要＋動詞（＋目的語）＋吗？	主語＋要不要＋動詞（＋目的語）？	3

義務

	肯定	否定	疑問	反復疑問	課
应该	主語＋应该＋動詞（＋目的語）。	主語＋不应该＋動詞（＋目的語）。	主語＋应该＋動詞（＋目的語）＋吗？	主語＋应（该）不应该＋動詞（＋目的語）？	4
得	主語＋得＋動詞（＋目的語）。	主語＋不用＋動詞（＋目的語）。	主語＋得＋動詞（＋目的語）＋吗？		4

可能

	肯定	否定	疑問	反復疑問	課
会（習得）	主語＋会＋動詞（＋目的語）。	主語＋不会＋動詞（＋目的語）。	主語＋会＋動詞（＋目的語）＋吗？	主語＋会不会＋動詞（＋目的語）？	5
能（能力・条件）	主語＋能＋動詞（＋目的語）。	主語＋不能＋動詞（＋目的語）。	主語＋能＋動詞（＋目的語）＋吗？	主語＋能不能＋動詞（＋目的語）？	5
可以（許可）	主語＋可以＋動詞（＋目的語）。	主語＋不能＋動詞（＋目的語）。	主語＋可以＋動詞（＋目的語）＋吗？	主語＋可（以）不可以＋動詞（＋目的語）？	5

介詞を用いる文

介詞句＝介詞＋名詞　述語＝動詞（＋目的語）／形容詞（＋程度）

	肯　定	否　定	疑　問	反復疑問	課
在	主語＋介詞句＋述語。	主語＋不＋介詞句＋述語。	主語＋介詞句＋動詞＋吗？	主語＋介詞句＋述語不＋述語？	5
跟	主語＋介詞句＋述語。	主語＋不＋介詞句＋述語。	主語＋介詞句＋動詞＋吗？	主語＋介詞句＋動詞／形容詞＋不＋動詞／形容詞？	6
给	主語＋介詞句＋述語。	主語＋不＋介詞句＋述語。	主語＋介詞句＋述語＋吗？	主語＋给不给＋述語？	6
从～到…	主語＋介詞句＋述語。	主語＋不＋介詞句＋述語。	主語＋介詞句＋述語＋吗？	主語＋介詞句＋動詞／形容詞＋不＋動詞／形容詞？	7
离	主語＋介詞句＋述語。	主語＋不＋介詞句＋述語。	主語＋介詞句＋述語？	主語＋介詞句＋肯定＋否定（＋目的語）？	7

アスペクト助詞を用いる文

	肯　定	否　定	疑　問	反復疑問	課
了（文末）	主語＋動詞＋目的語＋了。	主語＋没有＋動詞＋目的語。	主語＋動詞＋目的語＋了＋吗？	主語＋動詞＋目的語＋了＋没有？	10
了（動詞の後）	主語＋動詞＋了（＋目的語）。	主語＋没有＋動詞（＋目的語）。	主語＋動詞＋了（＋目的語）＋吗？	主語＋動詞＋了（＋目的語）＋没有？	10
过	主語＋動詞＋过（＋目的語）。	主語＋没有＋動詞＋过（＋目的語）。	主語＋動詞＋过（＋目的語）＋吗？	主語＋動詞＋过（＋目的語）＋没有？	11
着	主語＋動詞＋着（＋目的語）。	主語＋没有＋動詞＋着（＋目的語）。	主語＋動詞＋着（＋目的語）＋吗？	主語＋動詞＋着（＋目的語）＋没有？	12

受身と使役

	肯　定	否　定	疑　問	反復疑問	課
被（受身）	A＋被＋B＋動詞（＋付加成分）。	A＋没有被＋B＋動詞（＋付加成分）。	A＋被＋B＋動詞（＋付加成分）＋吗？	A＋被＋B＋動詞（＋付加成分）＋没有？	15
让（使役）	主語＋让＋ヒト＋動詞（＋付加成分）。	主語＋不让＋ヒト＋動詞（＋付加成分）。	主語＋让＋ヒト＋動詞（＋付加成分）＋吗？	主語＋让＋ヒト＋動詞＋不＋動詞（＋付加成分）？	16
叫（使役）	主語＋叫＋ヒト＋動詞（＋付加成分）。	主語＋不叫＋ヒト＋動詞（＋付加成分）。	主語＋叫＋ヒト＋動詞（＋付加成分）＋吗？	主語＋叫＋ヒト＋動詞＋不＋動詞（＋付加成分）？	16

形容詞を用いる文

	肯定	否定	疑問	反復疑問	課
形容詞述語文	主語＋程度を表す副詞＋形容詞。	主語＋不＋形容詞。	主語＋形容詞＋吗？	主語＋形容詞＋不＋形容詞？	6
主述述語文	A＋B＋形容詞。	A＋B＋不＋形容詞。	A＋B＋形容詞＋吗？	A＋B＋形容詞＋不＋形容詞？	13
比（比較）	A＋比＋B＋形容詞（＋量）	A＋没有＋B＋形容詞。	A＋比＋B＋形容詞（＋量）＋吗？	A＋比＋B＋形容詞＋不＋形容詞？	14

いろいろな疑問文

	疑問詞疑問文	課		疑問詞疑問文	課
谁	主語＋動詞＋谁？／谁＋動詞＋目的語？	3	哪儿	主語＋動詞＋哪儿？	4
什么	主語＋動詞＋什么？		什么时候	主語＋什么时候＋動詞？	
哪个	主語＋動詞＋哪个？				

	選択疑問	課		省略疑問	課
还是	主語（＋是）＋述語A＋还是＋述語B？	13	～呢？	（共通認識）名詞＋呢？	11

進行を表す正在…(呢)

肯定	否定	疑問	課
主語＋正在＋動詞（＋目的語）（＋呢）。	主語＋没(有)＋動詞（＋目的語）	主語＋正在＋動詞（＋目的語）＋吗？	12

"是…的"構文

肯定	否定	疑問	課
主語＋是＋時／場所／方法など＋動詞＋的（＋目的語）。	主語＋不是＋時／場所／方法など＋動詞＋的（＋目的語）。	主語＋是＋時／場所／方法など＋動詞＋的（＋目的語）＋吗？	16

語句索引

※数字は初出の課を示す。「ま1」は「まとめの文章1」、「単ま」は「単語のまとめ」、「up」は「ウォーミングアップ」を示す。

A

阿迪达斯 Ādídásī：名 アディダス……………… 10
啊 a：助 文末に置き、感嘆を表す……………… 10
埃及 Āijí：名 エジプト………………………… 1
矮 ǎi：形（背が）低い………………………… 6
爱好 àihào：名 趣味…………………………… 10
爱人 àiren：名 配偶者………………………… 単ま
澳大利亚 Àodàlìyà：名 オーストラリア……… 1

B

八 bā：数 8……………………………………… up
巴西 Bāxī：名 ブラジル……………………… 1
把 bǎ：名 …本（取っ手のあるものを数える）… 8
爸爸 bàba：名 父……………………………… 1, 単ま
吧 ba：助（語気を表す）…しましょう、…でしょう… 2
百货商店 bǎihuò shāngdiàn：名 百貨店……… 6
百事可乐 Bǎishì kělè：名 ペプシコーラ…… 2
班 bān：名 クラス……………………………… 9
斑马 bānmǎ：名 シマウマ…………………… 3
办 bàn：動 処理する、…する………………… 13
半 bàn：名 半…………………………………… up
半个小时 bàn ge xiǎoshí：30分……………… up
半年 bànnián：名 半年………………………… ま4
榜样 bǎngyàng：名 模範、手本……………… ま5
棒球 bàngqiú：名 野球………………………… 14
傍晚 bàngwǎn：名 夕方……………………… up
保龄球 bǎolíngqiú：名 ボウリング…………… 14
报告 bàogào：名 レポート…………………… 5
报纸 bàozhǐ：名 新聞………………………… 5
杯 bēi：量 …杯（コップに入ったものを数える）… 8
北边 běibian：名 北、北側…………………… 9
北京 Běijīng：名 ペキン……………………… 3, 7
被 bèi：介 …される…………………………… 15
背 bèi：動 暗唱する…………………………… 16
本 běn：量 …冊（書籍を数える）…………… 8
本子 běnzi：名 ノート………………………… 9
本田 Běntián：名 ホンダ……………………… 10
比 bǐ：介 …より……………………………… 14
比赛 bǐsài：名 試合、コンテスト…………… 5
毕业 bìyè：動 卒業する……………………… 10
遍 biàn：量 …回（一通り）………………… 11
便利店 biànlìdiàn：名 コンビニ（エンスストア）… 7
表扬 biǎoyáng：動 表彰する、ほめる……… ま5
别 bié：副 …するな………………………… 15
别人 biéren：代 他（の）人………………… 14
部 bù：量 …（映画を数える）……………… 11
不 bù：副 …ではない、いいえ……………… 1
不好意思 bù hǎoyìsi：申し訳ない、恐れ入ります…… 14
不太 bú tài：あまり…ではない……………… ま2
不行 bùxíng：いけません、ダメです………… 5
不用 búyòng：副 …する必要がない………… 3

C

才 cái：副 ようやく、やっと………………… 10
菜 cài：名 料理………………………………… 13
菜单 càidān：名 メニュー、お品書き……… 12
参加 cānjiā：動 参加する…………………… 5
餐厅 cāntīng：名 レストラン………………… 14
茶 chá：名 お茶……………………………… 2
茶杯 chábēi：名 湯飲み茶碗………………… 14
差 chà：動 不足する、足りない……………… up
　　　形 劣っている………………………… ま4
长 cháng：形 長い…………………………… 6
长城 Chángchéng：名（万里の）長城……… 11
尝 cháng：動 味見する……………………… 14
尝试 chángshì：動 試す……………………… ま4
超市 chāoshì：名 スーパーマーケット……… 6
炒饭 chǎofàn：名 チャーハン……………… 3
车票 chēpiào：名 切符………………………… 9
车站 chēzhàn：名 駅………………………… 9
成绩 chéngjì：名 成績………………………… 13
橙汁 chéngzhī：名 オレンジジュース……… 2
吃 chī：動 食べる……………………………… 2
吃饭 chī fàn：動 食事する…………………… 6
冲绳 Chōngshéng：名 沖縄…………………… 12
重庆 Chóngqìng：名 重慶…………………… 3
出发 chūfā：動 出発する、出かける……… 7
出去 chūqù：動 出る、出て行く……………… 16
出租车 chūzūchē：名 タクシー……………… 13

窗户 chuānghu：名窓 …… 12
春假 chūnjià：名春休み …… 16
春节 Chūnjié：名春節、旧正月 …… 16
春天 chūntiān：名春 …… up
词典 cídiǎn：名辞書 …… 1
次 cì：量…回 …… 11
从 cóng：介…から …… 7
存 cún：動預ける、貯金する …… 15

D

打 dǎ：動かける、する、打つ …… 5
打工 dǎgōng：動アルバイトをする …… 3
打算 dǎsuàn：動…するつもりだ …… 16
大 dà：形大きい …… 6
大阪 Dàbǎn：名大阪 …… 3
大风 dàfēng：名強風 …… 12
大海 dàhǎi：名海、大海 …… 16
大家 dàjiā：代みんな …… 6
大连 Dàlián：名大連 …… 3
大学 dàxué：名大学 …… 3
大学生 dàxuéshēng：名大学生 …… 1
大雨 dàyǔ：名大雨 …… 12
带 dài：動引き連れる …… 16
担心 dānxīn：動心配する …… 12
蛋糕 dàngāo：名ケーキ …… 15
但是 dànshì：接しかし、だけど、でも …… 12
当 dāng：動…になる …… ま1
当初 dāngchū：名最初 …… ま5
当然 dāngrán：副もちろん、当然 …… 14
导游 dǎoyóu：名ガイド …… 11
到 dào：介…まで …… 7
　　　 動到着する、着く …… 7
得 dé：動得る、獲得する …… 13
德国 Déguó：名ドイツ …… 1
的 de：助…の …… 1
得 děi：助動…しなければならない …… 4
等 děng：助など …… ま3
　　　 動待つ …… 12
迪斯尼（乐园）Dísīní(lèyuán)：名ディズニー（ランド）…… 4
第… dì…：第…、番目 …… 12

弟弟 dìdi：名弟 …… 単ま
地方 dìfang：名場所、ところ …… 5
地铁 dìtiě：名地下鉄 …… 16
地图 dìtú：名地図 …… ま3
点 diǎn：…時 …… up, 7
电话 diànhuà：名電話 …… up
电脑 diànnǎo：名パソコン …… 8
电视 diànshì：名テレビ …… 9
电影 diànyǐng：名映画 …… 5
东边 dōngbian：名東、東側 …… 9
东京 Dōngjīng：名東京 …… 2
东西 dōngxi：名物、品物、商品 …… 5
冬天 dōngtiān：名冬 …… up
动物园 dòngwùyuán：名動物園 …… 3
都 dōu：副みな、全て、いずれも …… 1
兜风 dōufēng：動ドライブする …… 16
读 dú：動読む、読み上げる …… ま2
肚子 dùzi：名お腹 …… 13
短 duǎn：形短い …… 6
对 duì：形そうだ、その通りだ …… 2
　　　 介…に（ついて）、…に対して …… 16
顿 dùn：量…食（食事の回数を数える）…… 11
　　　 量…回、…度（叱責の回数を数える）…… 15
多 duō：形多い、たくさん …… 4, 6
多长 duōcháng：疑どのくらい（の長さ）…… 7
多大 duōdà：疑どのくらいの（大きさ）…… up
多少 duōshao：疑どのくらい、どれだけ …… up, 8

E

俄罗斯 Éluósī：名ロシア …… 1
饿 è：形お腹がすいている …… 10
儿子 érzi：名息子 …… 単ま
二 èr：数2、2番目 …… up

F

法国 Fǎguó：名フランス …… 1, 13
法语 Fǎyǔ：名フランス語 …… ま5
繁体字 Fántǐzì：名繁体字 …… 5
饭 fàn：名ご飯 …… 11
饭店 fàndiàn：名ホテル …… 9

方便 fāngbiàn：形便利である …………………… 9
方法 fāngfǎ：名方法、手段 ………………… ま4
房间 fángjiān：名部屋 ………………………… 9
房子 fángzi：名家、物件 ……………………… 8
放 fàng：動置く、入れる、休みになる ……… 12, 16
放弃 fàngqì：動断念する、諦める ………… ま4
非常 fēicháng：副非常に、たいへん ……… ま2
飞机 fēijī：名飛行機 ………………………… 10
芬达 Fēndá：名ファンタ ……………………… 2
分（钟）fēn(zhōng)：名分（間）……… up, 7
丰田 Fēngtián：名トヨタ ……………………… 10
福冈 Fúgāng：名福岡 ………………………… 3
附近 fùjìn：名付近、近く ……………………… 9
父亲 fùqin：名父親 ………………………… 5, 単ま

G

感动 gǎndòng：動感動する ………………… ま5
橄榄球 gǎnlǎnqiú：名ラグビー ……………… 14
干 gàn：動する、やる ………………………… 4
刚 gāng：副先ほど、今しがた ………………… 5
钢琴 gāngqín：名ピアノ ……………………… 12
港币 Gǎngbì：名香港ドル ……………………… 5
高 gāo：形高い ……………………………… 6
高考 gāokǎo：動大学の入学試験を受ける ……… 13
高兴 gāoxìng：形嬉しい ……………………… 6
高中 gāozhōng：名高校 ……………………… 1
高中生 gāozhōngshēng：名高校生 …………… 1
告诉 gàosu：動伝える、教える ……………… 15
哥哥 gēge：名兄 ………………………… 3, 単ま
个 ge：量…個、…人（最も広く使う量詞）……… 8
个小时 gexiǎoshí：名…時間 ……………… up, 7
给 gěi：介…（のため）に ……………………… 6
　　　　動あげる ……………………………… 15
跟 gēn：介…と ……………………………… 6
更 gèng：副さらに …………………………… 14
更加 gèngjiā：副ますます ………………… ま4
公交车 gōngjiāochē：名路線バス …………… 13
公司 gōngsī：名会社 ………………………… 7
公元 gōngyuán：名紀元 ……………………… up
公元前 gōngyuán qián：名紀元前 …………… up
公园 gōngyuán：名公園 ……………………… 6

工作 gōngzuò：動働く ………………………… 5
　　　　名仕事 ……………………………… 13
狗 gǒu：名イヌ ……………………………… up
刮 guā：動吹く ……………………………… 12
挂 guà：動かかる、かける …………………… 12
广播 guǎngbō：名（ラジオなどの）放送 …… ま2
贵 guì：形（値段が）高い …………………… 6
过去 guòqù：名過去 ………………………… up
过 guo：助…したことがある ………………… 11

H

还 hái：副さらに、まだ ……………………… 3, 5
还是 háishi：接それとも …………………… 13
孩子 háizi：名子ども ………………………… up
害羞 hàixiū：形恥ずかしい ………………… ま5
寒假 hánjià：名冬休み ……………………… ま4
韩国人 Hánguórén：名韓国人 ………………… 1
汉语 Hànyǔ：名中国語、漢語 ………………… 2
好 hǎo：形よい、よろしい …………………… 2
好吃 hǎochī：形（食べて）美味しい ………… 6
好处 hǎochù：名有利な点、メリット ………… 16
好好儿 hǎohāor：副ちゃんと、よく ………… ま5
好喝 hǎohē：形（飲んで）美味しい ………… 6
好几次 hǎo jǐ cì：何回も …………………… 11
好朋友 hǎo péngyou：名親友 ………………… 1
号码 hàomǎ：名番号 ………………………… up
喝 hē：動飲む ………………………………… 2
和 hé：接…と ………………………………… 1
很 hěn：副とても ……………………………… 6
红茶 hóngchá：名紅茶 ………………………… 2
后边 hòubian：名後ろ、後ろの方 ……………… 9
后年 hòunián：名再来年 ……………………… up
后天 hòutiān：名明後日 ……………………… up
滑冰 huábīng：名スケート …………………… 14
滑雪 huáxuě：名スキー ……………………… 14
画 huà：動描く ……………………………… 5
画儿 huàr：名絵 ……………………………… 5
还 huán：動返す ……………………………… 15
换 huàn：動交換する、替える ………………… 5
回 huí：動帰る、戻る ………………………… 4
回答 huídá：動答える ………………………… 11

会 huì：助動（習得）…できる、…はず、…だろう‥5, 9

J

机会 jīhuì：名機会、チャンス ……………… ま3
吉他 jítā：名ギター ……………………………… 7
几 jǐ：疑いくつ ………………………………… up, 8
几点 jǐ diǎn：何時 …………………………… up
几分 jǐ fēn：何分 ……………………………… up
几分（钟）jǐ fēn (zhōng)：何分（間）……… up
几个小时 jǐ ge xiǎoshí：何時間 …………… up
几个星期 jǐ ge xīngqī：何週間 ……………… up
几个月 jǐ ge yuè：何ヶ月間 ………………… up
几号 jǐ hào：何日 …………………………… up
几天 jǐ tiān：何日間 ………………………… up
几月 jǐ yuè：何月 …………………………… up
继续 jìxù：動継続する ……………………… ま5
家 jiā：名家 ……………………………………… 4
　　　　量…軒（店や家などを教える）……… 9
加拿大 Jiānádà：名カナダ …………………… 1
加油 jiāyóu：動頑張る ……………………… 16
佳能 Jiānéng：名キャノン ………………… 10
简单 jiǎndān：形簡単である、やさしい …… 6
件 jiàn：量…着（衣類等を数える）、…個（事柄や贈り物を数える）……………………… 8, 15
见面 jiànmiàn：動会う ……………………… 16
将 jiāng：副きっと…になるだろう ………… 12
将来 jiānglái：名将来 ……………………… ま1
奖学金 jiǎngxuéjīn：名奨学金 ……………… ま5
教 jiāo：動教える …………………………… 15
饺子 jiǎozi：名餃子 …………………………… 2
叫 jiào：動（名前を）…という、…させる … 2, 16
教室 jiàoshì：名教室 ………………………… 4
接近 jiējìn：動近づく、接近する …………… 12
节 jié：量…コマ（授業などを数える）…… 16
结果 jiéguǒ：接結局、その結果 …………… 15
结婚 jiéhūn：動結婚する …………………… 16
结束 jiéshù：動終わる、終結する ………… 16
姐姐 jiějie：名姉 ……………………… 1, 単ま
借 jiè：動借りる、貸す ……………………… 15
戒骄戒躁 jièjiāojièzào：おごり高ぶらないよう用心する …………………………………… ま5

今年 jīnnián：名今年 ………………………… up
今天 jīntiān：名今日 ………………………… up
近 jìn：形近い ………………………………… 6
进 jìn：動入る、進む ………………………… 3
进步 jìnbù：動進歩する …………………… 13
经常 jīngcháng：副いつも、よく ………… ま3
经济 jīngjì：名経済 ………………………… 12
京都 Jīngdū：名京都 ………………………… 3
九 jiǔ：数9 …………………………………… up
就 jiù：副すぐに ……………………………… 7
就要…了 jiùyào…le：まもなく…だ ……… 16
就职 jiùzhí：動就職する ……………………… 13
橘子 júzi：名みかん …………………………… 6
沮丧 jǔsàng：形がっかりする ……………… ま4
觉得 juéde：動感じる、…と思う ………… 14
决定 juédìng：動決める …………………… 13
决心 juéxīn：動決意する、決心する ……… ま4

K

咖啡 kāfēi：名コーヒー ……………………… 2
开 kāi：動運転する、開ける、開く、作動させる …………………………………… 5, 6, 13
开车 kāichē：動車を運転する …………… 5, 16
开始 kāishǐ：動始まる、始める ……………… 5
看 kàn：動見る、読む ………………………… 3
看来 kànlái：見たところ…のようだ ……… ま5
考试 kǎoshì：名試験 ………………………… 12
考研 kǎoyán：動大学院を受験する ……… 13
烤鸭 kǎoyā：名アヒルの丸焼き …………… 13
可爱 kě'ài：形かわいい ……………………… 6
可口可乐 Kěkǒu kělè：名コカ・コーラ …… 2
可乐 kělè：名コーラ …………………………… 2
可以 kěyǐ：助動（許可）…できる …………… 5
课 kè：名授業 ………………………………… 5
课本 kèběn：名教科書 ………………………… 1
课文 kèwén：名（教科書の）本文、例文 … 16
肯德基 Kěndéjī：名ケンタッキー ………… 10
空调 kōngtiáo：名エアコン ………………… 13
空 kòng：名暇 ……………………………… 12
口语 kǒuyǔ：名口語、話し言葉 …………… 13
苦 kǔ：形苦い ……………………………… 10

酷 kù：形クール……………………………………… 6
夸奖 kuājiǎng：動ほめる …………………………… ま5
块 kuài：量…元（口語の通貨単位） ………………… 8
快 kuài：形速い ………………………………… 6, 12
快…了 kuài…le：まもなく…だ ……………………… 16
快递 kuàidì：名速達 ………………………………… 14
快要…了 kuàiyào…le：動まもなく…だ …………… 16
矿泉水 kuàngquánshuǐ：名ミネラルウォーター …… 2

L

来 lái：動来る ………………………………………… 2
来自 láizì：動…から来る …………………………… 2
篮球 lánqiú：名バスケットボール ………………… 14
老师 lǎoshī：名先生 ………………………………… 1
姥姥 lǎolao：名（母方の）祖母 …………………… 単ま
姥爷 lǎoye：名（母方の）祖父 …………………… 単ま
了 le：助（動詞直後）完了を表す、（文末）変化を表す
………………………………………………………… 10
累 lèi：形疲れる …………………………………… 14
冷 lěng：形寒い ……………………………………… 6
离 lí：介…まで、…から …………………………… 7
礼物 lǐwù：名プレゼント …………………………… 6
历史 lìshǐ：名歴史 ………………………………… 15
里 li：名…の中 ……………………………………… 9
凉快 liángkuai：形涼しい …………………………… 6
两 liǎng：数2、2つ ………………………………… up
聊天儿 liáotiānr：動おしゃべりをする …………… 6
零 líng：数ゼロ ……………………………………… up
流利 liúlì：形流暢である …………………………… ま2
留学 liúxué：動留学する …………………………… ま1
留学生 liúxuéshēng：名留学生 …………………… 2
六 liù：数6 …………………………………………… up
龙井茶 Lóngjǐngchá：名ロンジン茶 ……………… 2
旅行 lǚxíng：動旅行（する） …………………… 16
旅游 lǚyóu：動旅行（する） …………………… 12
绿茶 lǜchá：名緑茶 ………………………………… 2

M

妈妈 māma：名母 ……………………………… 1, 単ま
麻婆豆腐 mápó dòufu：名麻婆豆腐 …………… 11

马来西亚 Mǎláixīyà：名マレーシア ………………… 1
骂 mà：動叱る、怒る、罵る ……………………… 15
吗 ma：助…か？ …………………………………… 1
买 mǎi：動買う ……………………………………… 3
卖 mài：動売る ……………………………………… 5
麦当劳 Màidāngláo：名マクドナルド …………… 10
满分 mǎnfēn：名満点 ……………………………… 13
慢 màn：形遅い ……………………………………… 6
漫画 mànhuà：名漫画 …………………………… 14
忙 máng：形忙しい ………………………………… 6
没（有）méi(yǒu)：副…していない、…しなかった
………………………………………………………… 10
動持っていない、ない ……………………………… 8
每 měi：代それぞれ、毎 ………………………… 16
每个星期 měi ge xīngqī：毎週 …………………… up
每个月 měi ge yuè：毎月 ………………………… up
美国 Měiguó：名アメリカ ………………………… 6
美国人 Měiguórén：名アメリカ人 ………………… 1
每年 měinián：名毎年 …………………………… up
每天 měitiān：名毎日 …………………………… up
美元 Měiyuán：名アメリカドル …………………… 5
妹妹 mèimei：名妹 …………………………… 1, 単ま
门 mén：名ドア ……………………………………… 6
们 men：…たち、…ら ……………………………… 4
米 mǐ：量メートル …………………………………… 9
米饭 mǐfàn：名ご飯、ライス …………………… 10
面包 miànbāo：名パン ……………………………… 2
面前 miànqián：名前、目の前 …………………… ま5
面试 miànshì：名面接 ……………………………… 7
面条 miàntiáo：名めん（類） …………………… 3
名古屋 Mínggǔwū：名名古屋 ……………………… 3
明年 míngnián：名来年 …………………………… up
明天 míngtiān：名明日 …………………………… up
名字 míngzi：名名前 ………………………………… 9
抹茶 mǒchá：名抹茶 ………………………………… 2
茉莉花茶 mòlìhuāchá：名ジャスミン茶 …………… 2
母亲 mǔqin：名母親 ……………………………… 単ま

N

拿 ná：動持つ ……………………………………… 12
拿到 nádào：動手に入れる ……………………… ま5

| 哪个 nǎge：疑 どれ、どの ……………… 3, 単ま
| 哪儿 nǎr：疑 どこ ………………………… 4
| 哪一年 nǎyìnián：疑 何年、どの年（代）……… up
| 那 nà：代 あれ、それ ……………………… 3, 単ま
| 那边儿 nàbiānr：代 あちら、あそこ ……… 9
| 那个 nàge：代 あれ、あの ……………… 6, 単ま
| 那么 nàme：接 それでは ………………… 11
| 那儿 nàr：代 そこ、あそこ …………… 5, 単ま
| 那些 nàxiē：代 あれら、それら ……… 1, 単ま
| 那时 nàshí：あの時、その時 …………… ま4
| 奶奶 nǎinai：名（父方の）祖母 ……… 1, 単ま
| 难 nán：形 難しい ………………………… 6
| 难过 nánguò：形 悲しい ………………… 6
| 南边 nánbian：名 南、南の方 ………… ま3
| 男朋友 nán péngyou：名 ボーイフレンド …… 2
| 呢 ne：助 …は？ ………………………… 11
| 能 néng：助動（能力・条件）…できる ……… 5
| 你 nǐ：代 あなた ………………………… 1, 単ま
| 你们 nǐmen：代 あなたたち …………… 2, 単ま
| 年 nián：名 年 …………………………… up
| 年级 niánjí：名 …年生 …………………… 1
| 念 niàn：動（声に出して）読む ………… 9
| 您 nín：代 あなた（敬称）……………… 単ま
| 牛奶 niúnǎi：名 牛乳、ミルク ………… 2
| 纽约 Niǔyuē：名 ニューヨーク ………… 3
| 努力 nǔlì：形 一生懸命である、頑張っている …… ま1
| 暖和 nuǎnhuo：形 暖かい ………………… 6
| 女儿 nǚér：名 娘 ………………………… 単ま

P

| 排名 páimíng：動（順位に）名を連ねる ………… 12
| 排球 páiqiú：名 バレーボール …………… 14
| 旁边 pángbiān：名 そば ………………… 9
| 胖 pàng：形 太っている ………………… 6
| 朋友 péngyou：名 友達 …………………… 1
| 篇 piān：量 …編（文章を数える）…… ま5
| 便宜 piányi：形（値段が）安い ………… 6
| 漂亮 piàoliang：形 きれい ……………… 6
| 乒乓球 pīngpāngqiú：名 卓球 …………… 14
| 苹果 píngguǒ：名 リンゴ ………………… 3
| 苹果汁 píngguǒzhī：名 リンゴジュース …… 2

| 葡萄 pútao：名 ブドウ …………………… 3
| 普洱茶 Pǔ'ěrchá：名 プーアル茶 ……… 2

Q

| 七 qī：数 7 ……………………………… up
| 期待 qīdài：動 期待する ………………… 16
| 妻子 qīzi：名 妻 ………………………… 103
| 骑 qí：動（二輪車や馬などに）乗る …… 7
| （汽）车（qì）chē：名 自動車 ………… 5
| 起来 qilai：動（動詞の後で）1つにまとまることや隠れることを表す …… 15
| 钱 qián：名 お金 ………………………… 5
| 钱包 qiánbāo：名 財布 …………………… 15
| 前 qián：名 前 …………………………… 9
| 前边 qiánbian：名 前、前の方 …………… 9
| 前年 qiánnián：名 一昨年 ………………… up
| 前天 qiántiān：名 一昨日 ………………… up
| 墙 qiáng：名 壁 …………………………… 12
| 巧克力 qiǎokèlì：名 チョコレート ……… 15
| 轻 qīng：形 軽い ………………………… 6
| 请 qǐng：動 どうぞ…（してください）…… 6
| 请问 qǐngwèn：お尋ねします …………… 5
| 秋天 qiūtiān：名 秋 ……………………… up
| 去 qù：動 行く …………………………… 2
| 去年 qùnián：名 去年 …………………… up
| 全家 Quánjiā：名 ファミリーマート …… 10

R

| 让 ràng：動 …させる …………………… 16
| 热 rè：形 暑い、熱い …………………… 6
| 人 rén：名 人、…人、…の方 …………… 1
| 人民币 Rénmínbì：名 人民元、RMB …… 5
| 人生 rénshēng：名 人生 ………………… ま5
| 认识 rènshi：動 見知る、知っている … 6
| 日本 Rìběn：名 日本 ……………………… 2
| 日本人 Rìběnrén：名 日本人 …………… 1
| 日记 rìjì：名 日記 ……………………… ま5
| 日语 Rìyǔ：名 日本語 …………………… 3
| 日元 Rìyuán：名 日本円 ………………… 5

S

三 sān：[数]3 ································· up
三得利 Sāndélì：[名]サントリー ············· 10
三刻 sānkè：[名]45分 ····················· up
沙发 shāfā：[名]ソファ ······················ 9
商量 shāngliang：[動]相談する ············ 14
上 shàng：[動]通う、行く ··················· 13
上班 shàngbān：[動]出勤する ············· 12
上(个)星期 shàng (ge) xīngqī：[名]先週 ···· up
上个月 shàng ge yuè：[名]先月 ············ up
上海 Shànghǎi：[名]上海 ···················· 4
上海大学 Shànghǎi dàxué：[名]上海大学 ···· 3
上课 shàngkè：[動]授業を受ける、授業をする ···· 4
上午 shàngwǔ：[名]午前 ··················· up
上学 shàngxué：[動]通学する、登校する ····· 4
上 shang：[名]…の上 ························ 9
少 shǎo：[形]少ない ························· 6
谁 shéi：[疑]誰 ························· 3, 単ま
身体 shēntǐ：[名]体 ························ 13
什么 shénme：[疑]何、どんな ··············· 3
什么时候 shénme shíhou：[疑]いつ ········· 4
生气 shēngqì：[動]腹が立つ、怒る ········· 15
生日 shēngrì：[名]誕生日 ··················· up
十 shí：[数]10 ······························ up
时间 shíjiān：[名]時間 ····················· 12
食堂 shítáng：[名]食堂 ······················ 5
是 shì：[動]…である、はい ·················· 1
事 shì：[名]事、事情、用事 ················ 12
试 shì：[動]試す ··························· 14
世纪 shìjì：[名]世紀 ························ up
世嘉 Shìjiā：[名]セガ ······················ 10
世界 shìjiè：[名]世界 ······················ 12
手机 shǒujī：[名]携帯電話 ··················· 3
瘦 shòu：[形]痩せている ···················· 6
书 shū：[名]本 ······························ 8
书包 shūbāo：[名]かばん ···················· 3
书店 shūdiàn：[名]書店、本屋 ··············· 5
蔬菜 shūcài：[名]野菜 ······················· 4
舒服 shūfu：[形]気分がよい、心地よい ····· 13
暑假 shǔjià：[名]夏休み ··················· 11

帅 shuài：[形]かっこいい ···················· 6
水平 shuǐpíng：[名]水準、レベル ·········· ま2
睡 shuì：[動]寝る ·························· 13
睡觉 shuìjiào：[動]寝る ···················· 12
说 shuō：[動]話す、言う ····················· 5
四 sì：[数]4 ································ up
四季 sìjì：[名]四季 ························· up
送 sòng：[動]送る、渡す ··················· 15
岁 suì：[量]歳 ······························ up
岁数 suìshu：[名]年齢 ····················· up
所以 suǒyǐ：[接]したがって、それで、だから ···· ま2
索尼 Suǒní：[名]ソニー ···················· 10

T

他 tā：[代]彼 ··························· 1, 単ま
他们 tāmen：[代]彼ら ··················· 1, 単ま
她 tā：[代]彼女 ························· 1, 単ま
她们 tāmen：[代]彼女たち ··············· 1, 単ま
它 tā：[代]それ ························ up, 単ま
台北 Táiběi：[名]タイペイ ··················· 3
台风 táifēng：[名]台風 ···················· 12
台湾 Táiwān：[名]台湾 ····················· 11
太 tài：[副]あまりにも…すぎる ············· 10
态度 tàidù：[名]態度 ······················ ま5
弹 tán：[動]弾く、演奏する ·················· 7
汤 tāng：[名]スープ ························· 8
特别 tèbié：[副]とりわけ、特に ············ ま5
疼 téng：[形]痛い ·························· 13
踢 tī：[動]蹴る、(サッカーを) する ········ 14
提高 tígāo：[動]向上させる／する ········· ま2
天 tiān：[名]…日間 ···················· up, 7
天气 tiānqì：[名]天気 ····················· 12
甜 tián：[形]甘い ··························· 6
贴 tiē：[動]貼る ··························· ま4
听 tīng：[動]聞く、聴く ··················· ま2
听不懂 tīngbudǒng：[動](聞いて) わからない ···· ま4
听力 tīnglì：[名]リスニング力 ············· ま4
听说 tīngshuō：[動]聞くところによると、…だそうだ
 ··· ま2
停车场 tíngchēchǎng：[名]駐車場 ············ 9
同事 tóngshì：[名]同僚 ···················· 13

同学 tóngxué：图同級生、…さん …………… 3
偷 tōu：動盗む …………………………… 15
头 tóu：图頭 …………………………… 13
图书馆 túshūguǎn：图図書館 ………… 5

W

外面 wàimian：图外、外側 …………… 5
玩儿 wánr：動遊ぶ …………………… ま3
碗 wǎn：量…杯（お碗に入ったものを数える）…… 8
晚 wǎn：形遅い ………………………… 6
　　　 图晚、夜 …………………… 13
晚上 wǎnshang：图夜 ………………… up
往 wǎng：介…に向かって …………… 9
网球 wǎngqiú：图テニス …………… 14
喂 wèi：感嘆もしもし、ねえ ……… 12
味道 wèidao：图味 …………………… 10
未来 wèilái：图未来 ………………… up
为什么 wèi shénme：疑なぜ、どうして …… 15
问 wèn：動尋ねる、質問する ……… 11
问题 wèntí：图質問 ………………… 15
我 wǒ：代私 …………………… 1、単ま
我们 wǒmen：代私たち ………… 3、単ま
乌龙茶 wūlóngchá：图ウーロン茶 …… 2
五 wǔ：数5 …………………………… up
午饭 wǔfàn：图昼食、お昼ご飯 ……… 5

X

悉尼 Xīní：图シドニー ……………… 3
西瓜 xīguā：图スイカ ………………… 6
喜欢 xǐhuan：動好き、好む ……… 10
洗澡 xǐzǎo：動お風呂に入る ……… 12
下 xià：動降る、降りる …………… 12
下班 xiàbān：動仕事を終える、退勤する …… ま2
下（个）星期 xià(ge) xīngqī：次週、来週 …… up
下（个）星期天 xià(ge) xīngqītiān：来週日曜日
　　　……………………………………… 4
下午 xiàwǔ：图午後 ………………… up
下个月 xià ge yuè：来月 …………… up
夏天 xiàtiān：图夏 …………………… up
先 xiān：副先に、まず ……………… 12

先生 xiānsheng：图（男性に対して）…さん …… 14
羨慕 xiànmù：動うらやましがる …… ま2
现在 xiànzài：图今 …………………… up
香港 Xiānggǎng：图ホンコン …… 3、11
香蕉 xiāngjiāo：图バナナ …………… 6
相扑 xiāngpū：图相撲 ……………… 14
想 xiǎng：助動…したい ……………… 3
小 xiǎo：形小さい …………………… 6
小笼包 xiǎolóngbāo：图ショーロンポー …… 14
小说 xiǎoshuō：图小説 ……………… ま2
写 xiě：動書く ………………………… 5
谢谢 xièxie：ありがとう …………… 2
新 xīn：形新しい …………………… 14
新加坡 Xīnjiāpō：图シンガポール … 1
新宿 Xīnsù：图新宿 …………………… 7
辛苦 xīnkǔ：形つらい ……………… 16
心情 xīnqíng：图気持ち、気分 …… ま5
信 xìn：图手紙 ………………………… 6
星期 xīngqī：图曜日、…曜日、週（間）…… up
星期几 xīngqī jǐ：图何曜日 ………… up
星期天 xīngqītiān：图日曜日 ……… up
星期一 xīngqīyī：图月曜日 ………… up
姓 xìng：動姓は…である …………… 2
熊猫 xióngmāo：图パンダ …………… 3
休息 xiūxi：動休憩する …………… 12
选择 xuǎnzé：動選ぶ、選択する …… ま5
学好 xuéhǎo：動マスターする ……… 4
学生 xuésheng：图学生、生徒 ……… 1
学（习）xué(xí)：動学ぶ、学習する … 2
学校 xuéxiào：图学校 ………………… 1
雪碧 Xuěbì：图スプライト …………… 2

Y

压岁钱 yāsuìqián：图お年玉 ……… 15
研究室 yánjiūshì：图研究室 ……… up
眼睛 yǎnjing：图目、瞳 …………… 13
幺 yāo：数1（電話番号や部屋番号に用いる）…… up
要 yào：助動…したい、…するつもりだ、…ねばならない、…するだろう …………… 3、15
　　　 動かかる、ほしい ……………… 7
要…了 yào…le：まもなく…だ ……… 16

爷爷 yéye：名(父方の) 祖父 ……………… 1, 単ま
也 yě：副…も ……………………………………… 1
也许 yěxǔ：副もしかしたら…かもしれない ……… ま5
一 yī：数1 …………………………………………… up
一百 yìbǎi：数100 ………………………………… up
(一) 点儿 (yì) diǎnr：ちょっと、ほんの少し …… 4
一定 yídìng：副きっと、必ず …………………… 15
一共 yígòng：副全部で、合計で ………………… 8
一会儿 yíhuìr：少しの間、しばらく、まもなく … 14
一举两得 yījǔliǎngdé：一挙両得、一石二鳥 …… 13
一刻 yíkè：名15分 ……………………………… up
一起 yìqǐ：副一緒に ……………………………… 6
一千 yìqiān：数1,000 …………………………… up
一万 yíwàn：数10,000 ………………………… up
一下 yíxià：ちょっと、少し ……………………… 6
一些 yìxiē：いくつか …………………………… 15
一直 yìzhí：副まっすぐに、ずっと ……………… 9
医院 yīyuàn：名病院 ……………………………… 3
衣服 yīfu：名服 …………………………………… 8
已经 yǐjīng：副すでに …………………………… up
以后 yǐhòu：名…の後、以後、以降 …………… ま2
以前 yǐqián：名以前 …………………………… 10
以为 yǐwéi：動…と感じる、…と思う ………… 15
椅子 yǐzi：名椅子 ………………………………… 8
意大利 Yìdàlì：名イタリア ………………… 1, 13
银行 yínháng：名銀行 …………………………… 9
饮料 yǐnliào：名飲み物、飲料 ………………… 5
印度 Yìndù：名インド …………………………… 1
应该 yīnggāi：助動…しなければならない、…べきである ……………………………………… 4
英国 Yīngguó：名イギリス ………………… 1, 14
英语 Yīngyǔ：名英語 …………………………… 5
用 yòng：動用いる、使う ……………………… 9
　　　　　介…で、…使って ………………… ま5
优衣库 Yōuyīkù：名ユニクロ …………………… 10
邮局 yóujú：名郵便局 …………………………… 9
游戏 yóuxì：名ゲーム …………………………… 11
游泳 yóuyǒng：名水泳 ………………………… 14
　　　　　動泳ぐ …………………………… 16
犹豫 yóuyù：動ためらう ……………………… ま5
有 yǒu：動…持っている、ある、〜には…がある/いる ……………………………………………… 8, 9

有点儿 yǒudiǎnr：副少し ……………………… ま5
有意思 yǒu yìsi：面白い ……………………… 14
又 yòu：副また ……………………………… ま5
雨 yǔ：名雨 …………………………………… 16
雨伞 yǔsǎn：名傘 ……………………………… 10
语言 yǔyán：名言語、言葉 …………………… 15
羽毛球 yǔmáoqiú：名バドミントン …………… 14
预报 yùbào：名予報 …………………………… 12
远 yuǎn：形遠い ………………………………… 6

Z

杂志 zázhì：名雑誌 …………………………… 5
在 zài：介…で …………………………………… 5
　　　　動〜は…にいる/ある ………………… 9
再 zài：副また、再び ………………………… 11
再接再厉 zàijiēzàilì：ますます頑張る ………… ま5
咱们 zánmen：代私たち(必ず相手を含む)‥ 2, 単ま
早 zǎo：形早い ……………………………… 4, 6
早上 zǎoshang：名朝、早朝 …………………… up
怎么 zěnme：疑なぜ、どうして、どう、どのように ……………………………………………… 9
怎么样 zěnmeyàng：疑どうですか …………… 11
增长 zēngzhǎng：動高まる、増大する ………… 12
站 zhàn：名…駅 ………………………………… 7
张 zhāng：量…枚 (平面の目立つものを数える)…… 8
丈夫 zhàngfu：名夫 …………………………… 103
朝日 Zhāorì：名アサヒ ………………………… 10
照相 zhàoxiàng：動写真を撮る ………………… 5
这 zhè：代これ、この ……………………… 1, 単ま
这边 zhèbiān：代こちら、ここ ………… 14, 単ま
这次 zhècì：今回 ……………………………… 16
这个 zhège：代これ、この ………………… 3, 単ま
这个星期 zhège xīngqī：今週 ………………… up
这个月 zhège yuè：今月 ……………………… up
这么 zhème：代こんなに ……………………… 10
这儿 zhèr：代ここ ……………………… 5, 単ま
这些 zhèxiē：代これら ………………… 5, 単ま
着 zhe：助…している ………………………… 12
珍珠奶茶 Zhēnzhū nǎichá：名タピオカミルクティー ………………………………………………… 11

正在 zhèngzài：副（ちょうど）…しているところ、…（の最）中 ………… 12
知道 zhīdao：動知っている ………… 9
之前 zhīqián：名…の前 ………… 10
纸 zhǐ：名紙 ………… 8
只 zhǐ：副ただ…だけ ………… ま3
中国 Zhōngguó：名中国 ………… 2
中国银行 Zhōngguó yínháng：中国銀行 ……… 14
中国人 Zhōngguórén：名中国人 ………… 1
中文 Zhōngwén：名中国語 ………… 5
中午 zhōngwǔ：名昼 ………… up
重 zhòng：形重い ………… 6
重要 zhòngyào：形重要である ………… 15
主意 zhǔyì：名考え、知恵、アイディア ………… 11
住 zhù：動住む ………… ま3
住院 zhùyuàn：動入院する ………… 12

准备 zhǔnbèi：動準備する、支度する ………… 12
桌子 zhuōzi：名机、テーブル ………… 9
资料 zīliào：名資料 ………… 15
字 zì：名字 ………… 9
自我介绍 zìwǒ jièshào：自己紹介 ………… 6
自行车 zìxíngchē：名自転車 ………… 7
走 zǒu：動歩く、行く、出る ………… 2
足球 zúqiú：名サッカー ………… 14
最近 zuìjìn：名最近 ………… 15
昨天 zuótiān：名昨日 ………… up
昨晚 zuówǎn：名昨晩 ………… 13
左边 zuǒbian：名左側 ………… 9
坐 zuò：動乗る、座る ………… 10
做 zuò：動…する、…やる ………… 3
做饭 zuòfàn：動食事を作る ………… 4
作业 zuòyè：名宿題 ………… 3

中国語科教育法研究会
上野振宇　大東文化大学第一高等学校
温　　悠　横浜市立みなと総合高等学校
金子真生　神田外語学院
長谷川賢　立命館大学経済学部
藤本健一　順天堂大学国際教養学部
渡邊晶子　水戸葵陵高等学校

対話・短文で学ぶ
アップデート中国語

2017.12.1　初版第1刷発行
2021.4.1　初版第3刷発行

発行所　　株式会社　駿河台出版社
発行者　井　田　洋　二
〒101-0062　東京都千代田区神田駿河台3丁目7番地
電話　東京03（3291）1676（代）番
振替　00190-3-56669番　FAX03（3291）1675番
E-mail：edit@e-surugadai.com
URL：http://www.e-surugadai.com

組版・印刷・製本　㈱フォレスト

ISBN978-4-411-03113-6　C1087　¥1800E